Werner May

Näher. Schöner. Weiter.

Wie die Freude am Glauben bleibt

SCM
Stiftung Christliche Medien

SCM R.Brockhaus ist ein Imprint der SCM Verlagsgruppe, die zur Stiftung Christliche Medien gehört, einer gemeinnützigen Stiftung, die sich für die Förderung und Verbreitung christlicher Bücher, Zeitschriften, Filme und Musik einsetzt.

© 2018 SCM R.Brockhaus in der SCM Verlagsgruppe GmbH
Max-Eyth-Straße 41 · 71088 Holzgerlingen
Internet: www.scm-brockhaus.de; E-Mail: info@scm-brockhaus.de
Lutherbibel, revidiert 2017, © 2016 Deutsche Bibelgesellschaft, Stuttgart

Soweit nicht anders angegeben, sind die Bibelverse folgender Ausgabe entnommen:
Bibeltext der Neuen Genfer Übersetzung, Copyright © 2009 Genfer Bibelgesellschaft, CH-1204 Genf. Wiedergegeben mit freundlicher Genehmigung. Alle Rechte vorbehalten.

Weiter wurden verwendet:

Lutherbibel, revidiert 2017 © 2016 Deutsche Bibelgesellschaft, Stuttgart. (LUT)

Neues Leben. Die Bibel, © der deutschen Ausgabe 2002 und 2006. SCM R.Brockhaus in der SCM Verlagsgruppe GmbH Witten/Holzgerlingen. (NLB)

Elberfelder Bibel 2006, © 2006 by SCM R.Brockhaus in der SCM Verlagsgruppe GmbH Witten/Holzgerlingen. (ELB)

Umschlaggestaltung: Christina Custodis, Bochum
Titelbild: smartboy10/istockphoto.com (Illu Bergsteiger)
        kokoroyuki/iStock/Thinkstock (Himmel)
        jahmaica/iStock/Thinkstock (Landschaft)

Satz: Burkhard Lieverkus, Wuppertal
Druck und Verarbeitung: GGP Media GmbH, Pößneck
Gedruckt in Deutschland
ISBN 978-3-417-26840-9
Bestell-Nr. 226.840

Inhaltsverzeichnis

Einleitung 5

1. Die Koffer packen: Einladung zu einer Reise,
damit die Freude am Glauben bleibt 9

2. Aus der Vogelperspektive: Unser Glaube entwickelt sich 31
Wegabschnitte 31
Erster Wegabschnitt: Springtime 37
Zweiter Wegabschnitt: Der vibrierende Alltag 50
Dritter Wegabschnitt: Die Weite Gottes 68
Vierter Wegabschnitt: Unser Leben, ein Zwischenschritt 75
Tunnel oder Aussichtsturm? 77

3. Von alten Schätzen: Kieselsteine mit Edelsteinglanz 81
Die verlassene erste Liebe 81
Verstaubte alte Schätze glänzen wieder 88
Geheilte Gebetsbiografie – ein weiterer alter Schatz 102

4. Neue Schätze leuchten am Horizont 115
Ein Ermutiger werden 117
Berufung zum Sein statt zum Tun 127
Weisheit ist besser als Gold 135
Liebe + x 140

5. Die dreifache Bekehrung 147
Die erste Bekehrung 147
Die zweite Bekehrung 156
Die dritte Bekehrung 162

6. Was bleiben soll: Meine fünf Claims gelebten Glaubens 177
Wissen, verstehen, staunend leben 178
Beten plus 183
Immer sieben Lösungen? 187
Jeder Tag hat genügend Gnade 193
Mittendrin: DabeiSein. DaSein. Sein. 198

Anmerkungen 203

Einleitung

Vor zwei Jahren habe ich in einer Umfrage die Vorfreude auf den nächsten Sonntagsgottesdienst abgefragt. Das Ergebnis: Etwa jeder Zweite empfand Vorfreude.

»Warum nur jeder Zweite?«, mag mancher fragen. »Gottesdienst ist doch der Höhepunkt der Woche!« Andere wiederum würden staunen: »Was, so viele?«, weil für sie der Gottesdienst nicht (mehr) attraktiv oder immer dasselbe ist, weil sie den Sonntag lieber entspannt angehen würden oder ihr Christsein nicht mehr so sehr im Vordergrund steht.

Was würden Sie als Leser sagen?

Und was würde ich sagen?

Wenn ich mich an meine Anfangsjahre im Glauben zurückerinnere, vor fünfunddreißig oder vierzig Jahren, dann gehörte damals der Gottesdienst wirklich zu den Highlights der Woche. Gott loben mit wunderbaren Liedern, die Geschwister umarmen, Gebet für mich suchen. Das gepredigte Wort war wie lebendiges, frisches Brot und der Gottesdienst konnte nicht lange genug dauern!

Und heute?

Freude ist geblieben. Ich kann aus jedem Gottesdienst etwas mitnehmen. Jesus ist da. Das Wort Gottes ist lebendig, egal wie inspirierend die Predigt ist. Ich freue mich immer noch, die anderen zu sehen. Und doch, ich habe mich verändert, mein Glaube hat sich mit den Jahren gewandelt. Man könnte sagen, dass ich mit den Jahren realistischer geworden bin, weil es nicht nur Sonnenschein gibt, sondern auch Schatten, Regen und Stürme. Die Freude ist ruhiger, gleichzeitig gehaltvoller geworden und hat sich auch auf andere Themen verlagert. Davon berichtet dieses Buch.

Was ist Ihr spontaner Eindruck, wenn Sie von Freude und Vorfreude im Glauben lesen? Wenn schon zwanzig Jahre oder mehr als Christ hinter Ihnen liegen und Sie dabei an diese Jahre zurückdenken – erwarten Sie dann noch etwas Neues?

Ich möchte mit diesem Buch Vorfreude auf neue und unbekannte Erfahrungen im Glauben wecken. Und sollte Ihnen die Freude am Glauben vielleicht ganz abhandengekommen oder sehr getrübt sein, dann möchte ich zumindest eine Vorfreude auf die Freude, ein Christ zu sein, entzünden.

Im ersten Kapitel vergleiche ich meine Erfahrungen im Glauben aus den ersten Jahren mit denen von heute, etwa vierzig Jahre später – gleichsam als Kofferpacken, bevor wir uns auf eine Reise machen, die Zukunftschancen als Christ »in den Jahren« auszuloten. Ein Fazit wird sein, dass keiner der gleiche Christ bleiben kann und auch nicht bleiben sollte.

Ich selbst frage mich bei diesem Vergleich: »Könnte Gott noch etwas völlig Neues für mich bereithalten und nicht nur wollen, dass ich mich mit dem Bisherigen tiefer und intensiver beschäftige?«

Im zweiten Kapitel stelle ich Ihnen drei bzw. vier Wegabschnitte vor, die Ihnen eine neue Sicht auf Ihre aktuelle Glaubenssituation eröffnen: Wie es uns als Christ nach Jahren geht, das hat seine Geschichte. In dieser gibt es Wegabschnitte, von denen uns manche mehr, andere weniger freudvoll erscheinen. Doch wie Gott unsere Beziehung in dieser Zeit geformt hat, sieht aus seiner Perspektive vielleicht ganz anders aus als aus unserer.

Diese Perspektive kann bedeuten, dass ich ein neues Verständnis für mich und Hoffnung für die Zukunft gewinne. Getrübte Freude muss nicht bleiben, stattdessen darf Vorfreude entstehen: Auch nach Jahren sind im Glauben noch Dinge möglich, von denen wir bisher keine Vorstellung hatten!

Gleichgültig, wie es Ihnen aktuell geht, Sie sind als Christ reich an alten Schätzen, das ist die Botschaft des dritten Kapitels. Vielleicht sind diese Schätze verstaubt, aber sie wollen wieder glänzen.

Neugierig bin ich auf die neuen Schätze, die ich im vierten Kapitel vorstelle, wie Weisheit oder ein Leben als Ermutiger, weil ich da selbst noch ein Anfänger bin. Aber eines ist mir klar, egal wie der neue Schatz heißen mag, der Gedanke, etwas leisten zu müssen, darf immer mehr in den Hintergrund treten.

»Die dreifache Bekehrung« ist für mich auch etwas, was neue Schätze erschließt. Mit ihr gewinne ich beispielsweise Offenheit für andere Gemeinden und erlebe Bereicherung durch ihre Traditionen. Meine kleine fromme Welt darf sich weiten. Das braucht nicht nur horizonterweiternde Informationen, sondern fordert auch Entscheidungen von mir.

Im letzten Kapitel möchte ich Ihnen meine persönlichen Zukunftsbaustellen verraten, meine Claims, meine Schürfrechte, wo wiederentdeckte alte und neue Schätze aufleben sollen. Ein Claim war im Wilden Westen ein Platz, den man für sich reserviert hatte, um dort nach Gold zu schürfen. Vielleicht entdecken Sie, dass Sie einige dieser Claims mit mir teilen, und wir schürfen dann in Zukunft im gleichen Claim oder Sie entdecken Ihre eigenen.

In all diesen Kapiteln wartet zwischen und hinter den Zeilen noch einiges mehr auf Sie. Ich wünsche Ihnen, dass Sie beim Lesen all der Gedanken und Beispiele, ob herausfordernd, mit Fragezeichen oder frohem »Aha«, spüren, wie ein angenehmer Luftzug Sie umweht, der Ihnen die Botschaft bringt: »Es gibt wieder frischen Wind in meinem Glaubensleben, es gibt gute Gründe für Vorfreude, dafür, immer wieder als Christ aufzubrechen. Mein Glaube ist eine Quelle der Freude.«

Jesus sagt: »Bleibt in meiner Liebe! ... Ich sage euch das, damit meine Freude euch erfüllt und eure Freude vollkommen ist« (Johannes 15,9.11). In seiner Liebe zu bleiben, ist die Quelle bleibender Freude.

In diesem Buch, das Sie durchaus herausfordern will, sich ganz für Jesus einzusetzen, sollte eines immer deutlich bleiben, die letzten Worte von Jesus am Kreuz: »Es ist vollbracht!« Mein und Ihr Leben ist vollbracht.

Genug Grund zur Vorfreude.

Steht Ihr Koffer bereit?

Dann können wir starten.

1. Die Koffer packen: Einladung zu einer Reise, damit die Freude am Glauben bleibt

»Die mich frühe suchen, finden mich« (nach Sprüche 8,17) gab man mir bei meiner Nottaufe am zweiten Tag meines Lebens mit. Irgendwie trotzte ich damals in einem kleinen fränkischen Bauerndorf dem Tod. Ich ging stattdessen auf die Suche nach Leben und nach Gott (was ich nicht immer so formuliert hätte) und fand ihn schließlich nach fast drei Jahrzehnten, ohne dass damit das Suchen ganz aufgehört hätte.

Auch bin ich heute nicht mehr der gleiche Christ wie vor dreißig Jahren oder wie vor zwanzig Jahren, ja nicht einmal wie vor zehn Jahren. Und ich möchte in fünf Jahren ein anderer sein und in zehn Jahren dann wieder.

Wie? Warum? Weil die Suche, das richtige oder sinnvolle Leben zu leben, nicht irgendwann erfolgreich aufhört, sondern Tag für Tag mit Gott gelebt wird und ihre verändernden Spuren hinterlässt.

Nicht mehr der gleiche Christ

Wie vertraut mir die Gemeinderäume waren. Ein paar Gottesdienstbesucher nickten mir erfreut zu, als sie mich erkannten, doch die meisten waren mir fremd oder in den zehn Jahren, seit ich nicht mehr hier gewesen war, erwachsen geworden. Viele schienen Studenten zu sein. »Keine veraltete Gemeinde, das ist gut so«, dachte ich, »ganz im Gegenteil, gut gemischt.« Dann begann der Lobpreis. Manche Lieder waren mir vertraut, die meisten fremd.

Als ich zum ersten Mal - damals noch nicht ganz dreißig Jahre alt - dieser Form, Gott zu loben und zu preisen, begegnet war, sprach sie mich sofort an. Moderne Texte, eingängige Melodien und dann wurde wirklich mitgesungen, sichtbar, mit »Leib und Seele«.

Auch jetzt standen viele auf, einige hoben die Hände, manche blieben sitzen. Das kannte ich, das waren die »Neuen« oder die, für die diese Gottesdienstform fremd war. Doch halt, ich musste nochmals hinschauen, das waren ja die, die mich vorhin begrüßt hatten, also gar keine Neuen, nein, alte Hasen wie ich, Jahrzehnte in der Nachfolge Jesu. Ging es ihnen vielleicht wie mir?

Höchstwahrscheinlich, vermutete ich. Gott loben ja, ihn anbeten ja, aber es fiel mir nicht mehr so leicht, Gott in dieser Form wirklich zu loben und zu preisen, dazu wechselten mir die Lieder zu häufig. Im Vergleich zu früheren Jahren sprachen mich inzwischen die Liedtexte (meistens) sehr intensiv an, forderten mich heraus, sie ganz ernst zu nehmen, nicht nur mitzusingen. Oft blieb ich an einzelnen Aussagen über Gott, sein Wesen und unsere Beziehung hängen, wollte nicht einfach zum nächsten Lied wechseln, zum nächsten bedeutungsstarken Text. Nicht immer konnte ich mich in ein gemeinsames Gottloben hineingeben, mich mit hineinnehmen lassen, wo nicht mehr »ich« singe, sondern »wir«.

Hatte ich als junger Christ diese schönen Lieder einfach nur gedankenlos mitgesungen? Nein, damals wie heute war es mir ernst, damals wie heute wurde ich erbaut, wie man sagt. Es war nun einfach anders. Aber was hatte sich verändert? Ich war einfach nicht mehr der gleiche Christ wie vor über drei Jahrzehnten. Mein Glaubensleben hatte sich verändert seit diesem ganz besonderen Tag im Herbst 1978, als ich es wagte, das öffentlich zu bekennen, was ich in den Wochen zuvor bei anderen miterlebt und innerlich vorsichtig und hoffnungsvoll mitvollzogen hatte: mein Leben ganz bewusst Gott anzuvertrauen, das Erlösungsgeschenk von Jesus für mich persönlich anzunehmen, mein Leben Jesus, seiner Leitung, zu übergeben.

Damals hat sich für mich eine ganz neue Welt aufgetan, es gab Veränderungen in meinem Leben, die ich ohne Zögern bis heute mit den Begriffen »neues Leben«, »eine neue Kreatur sein« bezeichne und für die ich dankbar bin.

Trotzdem passiert es mir manchmal, dass ich mich frage, ob ich als Christ noch richtig ticke, etwa wenn manches im Gottesdienst mich langweilt, ich mich aber gut zurückerinnern kann, dass das einmal anders war. Es gab eine Zeit, wo ich es kaum erwarten konnte, dass der Sonntag wiederkommt und damit der Gottesdienst.

Fast jedem habe ich damals erzählt, wie toll es ist, Christ zu sein, welche Erfahrungen man damit machen kann. Da waren zum Beispiel die sogenannten Parkplatzgebete. Jahrelang war es für mich klar, dass ich, weil ich dafür gebetet hatte, in der Innenstadt einen Parkplatz finden würde. Und so war es wirklich. Dann kam die Zeit, da fand ich das irgendwie lächerlich, Gott wegen einer so kleinen Sache zu belästigen, und ließ es bleiben. (Wenn ich einmal vorgreifen darf, seit ein paar Jahren bete ich wieder für Parkplätze, weil ich überzeugt bin, dass nichts zu klein und nichts zu groß ist für unseren Gott. Und es klappt wieder. Nur weitererzählen würde ich es nicht mehr jedem, denn ich bin mir nicht mehr so sicher, wie liebevoll mein Zeugnis ankommen würde. Und auf die Liebe kommt es doch zuerst an, oder?)

Beim Blick zurück auf die Anfänge meiner Jesusnachfolge staune ich, wie Gott damals meine Sehnsüchte aufgegriffen, wie er mir verschiedene Menschen zur Seite gestellt und Einsatzmöglichkeiten geschaffen hat, die mir entsprachen. Langeweile war ein Fremdwort geworden.

Ich bekam Perspektiven für mein Leben, das Zauberwort »Berufung« faszinierte mich. »Gott hat einen Plan für mich!« Diesen Plan galt es zu entdecken, dafür war ich bereit, alles zu geben. Mein Leben veränderte sich Schritt für Schritt, neue Aufgaben kamen hinzu, neue Menschen traten in mein Leben, Themen, wie »Geistesgaben« oder »Reich Gottes«, die mir vorher unbekannt waren, forderten mich heraus.

Als »weiser Älterer« schüttele ich auch über manches den Kopf, was ich in meinem geistlich-jugendlichen Eifer den anderen so zugemutet habe. Kennen Sie noch diese gelben Aufkleber: »Atomkraft? Nein danke«, in der Mitte eine lachende, rote Sonne? Auf unserem Auto prangte stattdessen im gleichen Design: »Gottes Kraft? Ja bitte«, und statt der Sonne stand da: »Jesus lebt!«

Aber auch ein wenig beklommen frage ich mich: Wie sieht es heute mit meiner Hingabe aus, mit meiner Einsatzbereitschaft bis hin zur Bereitschaft, »mein Leben zu verlieren«? Kann ich mich da wirklich als reifer einschätzen oder bin ich oberflächlicher geworden?

Wie ist das mit dieser immer wieder zitierten »ersten Liebe« (Offenbarung 2,4), die manche offensichtlich verlassen? Trifft das etwa auch auf mich zu, da einige Gemeindeaktivitäten nicht mehr meine ungeteilte Begeisterung wecken und nicht alle Predigtanfragen mein Herz ganz erreichen?

Als ich das erste Mal bemerkte, dass sich meine »Lobpreispraxis« verändert hatte, spürte ich eine Verunsicherung, was da mit mir als seit dreißig Jahren gläubigem Christen los war. Ich begann, mir ein paar Notizen zu machen, in einer kleinen Tabelle ein paar Eckdaten festzuhalten, was ich so zu meiner Glaubensgeschichte erzählen würde.

damals	heute
• fast 30 Jahre alt • verheiratet mit Agnes, 3 kleine Kinder • Durch Kontakte vor Ort kam ich 1978 zu einer tief greifenden Glaubens- und Lebensveränderung innerhalb der charismatischen Erneuerung.	• über 60 Jahre alt • verheiratet mit Agnes, 6 erwachsene Kinder, alle aus dem Haus, Enkelkinder • Christ seit über 40 Jahren

damals	heute
• Student/Berufsanfänger als Psychologe	• 35 Jahre Berufspraxis, von 1988 bis 2014 an der IGNIS-Akademie für Christliche Psychologie; Entwicklung verschiedener christlich-psychologischer Projekte, vielfältiger Dienst als Lehrer, Leiter, Autor und Publizist
• erleben eines geistlichen Aufbruchs um mich herum • Unser ökumenischer Jugendkreis wird zu einer überkonfessionellen, charismatischen Gemeinschaft, Erwachsene, Familien stoßen dazu. • streben nach mehr Erfahrungen mit dem Heiligen Geist (u.a. Kongresse mit John Wimber in den 1980ern) • hineinwachsen in geistliche Leitung • 1992 mit einem großen Teil unserer überkonfessionellen Gruppe Übergang in eine Freikirche	• vielfältige geschwisterliche Kontakte in allen Kirchen und Denominationen • internationale Leitungsaufgabe • Wir gehören zur Ortsgemeinde in unserer Straße. • Das Streben nach charismatischen Erfahrungen ist hinter das Streben, zu lieben, zurückgetreten.
• Abenteuerlust • Mit Jesus die Welt verändern! • begeisterte Freude	• Jeder Tag ist ein Abenteuer. • Die Veränderung der Welt ist ein vielschichtiger Wachstumsprozess. • ruhige Freude

damals	heute
• sozial ängstlich, unsicher • konfliktunfähig	• mit vielen Menschen und heilsamen Beziehungserfahrungen beschenkt • immer noch konfliktscheu
• eine tiefe Sehnsucht nach sinnhaltigem Leben und Berufung	• eine tiefe Sehnsucht, ein Segen zu sein

Doch wie sollte ich diese Eckdaten und all das, was in ihnen an Leben und Erlebtem steckt, bewerten? Zum einen ist da Dankbarkeit. Trotz aller Veränderung bestimmte über all die Jahre Freude am Glauben mein Leben. Die Treue Gottes begleitet mich. Als Bilanz würde ich mich als »wirklich gesegnet« einstufen.

»Aber schmeckt das nicht schon nach Selbstgenügsamkeit?«, fragte ich mich selbstkritisch. War ich vielleicht so selbstzentriert, dass ich viele Versäumnisse gar nicht an mich herangelassen hatte? Waren beispielsweise die Wechsel von der eigenen charismatischen Gemeinschaft in eine Freikirche und später wieder in die lokale Ortsgemeinde jeweils Zeichen von Schwäche und Bequemlichkeit oder von Wachstum oder einfach von Gott geführte »Ortswechsel im Reich Gottes«, die viel damit zu tun hatten, dass ich im Rahmen von IGNIS eine vollzeitliche Aufgabe in diesem Reich hatte? Wo könnte ich von Weiterentwicklung ausgehen, wo von Kontinuität und wo von Stillstand oder gar Rückschritten?

Wir brechen auf – gemeinsam
Bücher über geistliches Wachstum und Reife hatte ich etliche gelesen, mit Gewinn, aber plötzlich schienen sie mir keine Antwort mehr zu geben. Ich fühlte mich an einem geistlichen Wendepunkt angekommen, wollte nicht nur Bilanz ziehen, sondern mich vielmehr neu »aufstellen«. Könnte Gott nicht noch etwas völlig Neues für mich bereithalten und nicht nur wollen, dass ich mich dem

Bisherigen tiefer und besser zuwende? Also nicht nur *mehr* vom Alten, was auch gut ist, sondern wirklich etwas Neues? Und nicht nur für mich, sondern auch für meine geistlichen Altersgenossen?

Als ich das zu denken wagte, verspürte ich plötzlich ein Feuer in mir auflodern, das mich sofort an die ersten Jahre meines Christseins erinnerte. Ein neues, unbekanntes Land zog mich an. Allein mit dieser Vorahnung ließ ich schon alles Bisherige dankbar zurück. Von mir aus war ich gern bereit, mich ab jetzt als einen Anfänger im Glauben zu betrachten, der Gott nur ansatzweise kennt, so attraktiv war der Gedanke an ein neues, unbetretenes Land der Gemeinschaft mit Gott. Ich dachte an meine Erfahrungen mit dem Wort Gottes. Die tägliche Bibellese – nicht zwanghaft, sondern freiwillig, einsichtig, meistens gern und dankbar – gehörte seit fast vierzig Jahren zu meinem Leben. Gründliches Bibelstudium mit Kommentaren und Wortstudien hatte sie ergänzt. Und die ganze Bibel musste immer wieder gelesen werden. Zusätzlich hatte ich in den ersten zwei Jahrzehnten über viele Texte der Heiligen Schrift gepredigt.

> Könnte Gott noch etwas völlig Neues für mich bereithalten und nicht nur wollen, dass ich mich dem Bisherigen tiefer oder besser zuwende?

Und heute? Die gewohnte Praxis ist etwas in den Hintergrund gerückt, schon noch da, aber nicht mehr so bedeutsam. Doch ist das richtig? Oder gibt es hier noch ein neues, unbetretenes Land des Bibelstudiums? Mit anderer Tiefe?

Die Antwort lautet: Ja, und ich habe es schon geschmeckt! Ich staune zum Beispiel, dass mir in gut bekannten Texten plötzlich einzelne Passagen oder Begriffe entgegenspringen und ich dabei bemerke, dass sie noch viel mehr bedeuten können, als ich bisher gedacht habe.

Sätze wie die Worte von Paulus aus 1. Korinther 6,12 bewege ich tagelang:

> »Alles ist mir erlaubt!« Wer so redet, dem antworte ich: »Aber nicht alles, was mir erlaubt ist, ist auch gut für mich und für andere. – »Alles ist mir erlaubt!« Aber es darf nicht dahin kommen, dass ich mich von irgendetwas beherrschen lasse.«

Solche Entdeckungen haben Gehalt, sodass mir schon wenige Worte genügen, die mich über Tage begleiten. Sie sind Quelle einer Halt gebenden Freude.

Vielleicht wirkt es für Sie wie eine Zumutung, wenn ich Sie einlade, darüber nachzudenken, ob Sie sich wie ich als einen Anfänger im Glauben bezeichnen möchten. Ist das nicht undankbar, verachtet das nicht die geringen Anfänge (vgl. Sacharja 4,10 LUT)?

Doch es geht mir nicht um Undankbarkeit, nicht um Missachtung, auch nicht darum, Unzufriedenheit zu schüren, sondern um eine große Hoffnung auf ein neues Land oder darauf, dass sich das bisherige Land noch ausweitet – in die Breite, Länge, Höhe und Tiefe, wie Paulus es ausdrückt:

> Es ist mein Gebet, dass Christus aufgrund des Glaubens in euren Herzen wohnt und dass euer Leben in der Liebe verwurzelt und auf das Fundament der Liebe gegründet ist. Das wird euch dazu befähigen, zusammen mit allen anderen, die zu Gottes heiligem Volk gehören, die Liebe Christi in allen ihren Dimensionen zu erfassen – in ihrer Breite, in ihrer Länge, in ihrer Höhe und in ihrer Tiefe. Ja, ich bete darum, dass ihr seine Liebe versteht, die doch weit über alles Verstehen hinausreicht, und dass ihr auf diese Weise mehr und mehr mit der ganzen Fülle des Lebens erfüllt werdet, das bei Gott zu finden ist.
>
> *Epheser 3,17-19*

Was sind das für dichte Aussagen! Die Liebe Christi, die alle Erkenntnis übersteigt, erkennen. Mit der ganzen Fülle Gottes erfüllt werden. Mehr Breite, Länge, Höhe und Tiefe, was das auch sein mag! Ich habe das für mich so übersetzt: Näher. Schöner. Weiter..

»Näher. Schöner. Weiter.«, das braucht schon so seine Jahrzehnte. Nach meiner persönlichen Einschätzung erlebte ich nach etwa zwanzig Jahren der Nachfolge bei mir und bei anderen Ähnliches: eine lange Reihe von Erfahrungen mit Gott, mit seiner Liebe, Treue und Führung, gute Gewohnheiten als Christ, Vertrautheit mit Gottes Wort, überstandene Krisen – also wirklich eine gute Ausprägung im Glauben und Dankbarkeit für alle Schätze, was das Christenleben betrifft – und gleichzeitig einen Neuaufbruch, eine Überzeugung, dass es noch etwas im Glauben gibt, was ich bisher nicht kannte. Da wollte ich gern auf Entdeckungsreise gehen, für mich und andere.

So wie das Evangelium für alle ist, ob arm oder reich, alt oder jung, gebildet oder nicht, so ist auch jedermann eingeladen, im Glauben zu wachsen. Diesem Anspruch will ich mich mit diesem Buch stellen: keine Elitebildung der »gereiften Christen«. Wie Jesus zu jedem gekommen ist, so möchte er auch mit jedem weitergehen.

In »Näher. Schöner. Weiter.« geht es um eine vertiefte Gottesbeziehung, egal wie beschädigt oder beschützt das jeweilige Leben gewesen ist und wo nicht verglichen wird zwischen mir selbst und anderen. »Näher. Schöner. Weiter.« möchte jeden auf seinen eigenen Reifungsweg schicken. Anders geht es nicht. Imitation bringt nichts mehr. Anregungen sind gut, aber bitte keine Gebrauchsanweisungen!

Die fünf Dimensionen unseres Glaubens
Unser Glaube will in fünf Dimensionen entdeckt werden.

Glaubenserfahrungen: wie Gott spricht, handelt, führt. Sie gehören zu den wertvollen Geschenken unserer Gottesbeziehung, wobei sie immer eine gedeutete, subjektive Tönung beibehalten werden.

Glaubensüberzeugungen: was richtig ist in Gottes Augen, was wir tun sollen. Wir brauchen sie, damit sie unser Verhalten steuern, damit wir zum Beispiel nicht daran zweifeln, dass uns Vergebung unserer Sünden oder das ewige Leben geschenkt sind.

Glaubenskonzepte: Lehren oder Ansichten, zum Beispiel über die Trinität oder über die Inspiration der Heiligen Schrift. Sie liegen mehr auf der Ebene des Wissens als des Verhaltens und wir werden mehr oder weniger darin wachsen, diese theologischen Grundlagen zu verstehen.

Glaubenspraxis: Formen der Begegnung mit Gott, allein und in Gemeinschaft. Jeder von uns besitzt gewisse private oder öffentliche geistliche Praktiken wie zum Beispiel Formen des Lobpreises oder liturgische Gestaltung des Gottesdienstes.

Glaubenskonsequenzen: was ich konkret tue und was nicht. Zum Glauben gehört, dass wir bereit sind, uns den Konsequenzen unseres Glaubens in Lebensfragen, in ethischer Verantwortung, in unserem Verhältnis zu Familie, Arbeit oder Freizeit zu stellen.

Diese fünf Dimensionen spannen ein weites Land auf und auch nach Jahren haben wir wahrscheinlich nur einen kleinen Teil davon betreten.

Es ist an der Zeit, Einseitigkeiten zu überwinden und wach Stück um Stück Neues zu entdecken. Es gilt, sich in allen fünf Dimensionen zu entwickeln, und das nicht nur allein, sondern auch in Gemeinschaft mit anderen Christen.

Daheim in Gottes Geheimnis

Wie in der Ehe, so können auch im Glaubensleben die Anfangsjahre mit Jesus von einer gewissen Blauäugigkeit und einem romantischen Verliebtsein geprägt sein. Bei mir traf das zu, da ich eine sehr deutliche Umkehrerfahrung hatte. Christen, die eher kontinuierlich in den Glauben hineinwachsen, kennen diese Phase vielleicht weniger deutlich, ohne dass sie deshalb weniger intensiv mit Gott in Beziehung leben würden. Meine Frau Agnes zum Beispiel war schon in einem christlichen Elternhaus groß geworden und erlebte den Schritt, sich als Erwachsene neu ganz bewusst Gott anzuvertrauen, nicht so einschneidend wie ich.

Die anfängliche Verliebtheit macht nach einigen Jahren der »Rätselphase« Platz, wie ich es nenne. Der andere, in der Ehe mein Partner, im Glaubensleben Gott, gibt mir immer wieder Rätsel auf, gibt mir Fragen mit, die mich motivieren, nach Antworten zu suchen. Indem ich sie suche und finde, lassen sie mich den anderen besser kennenlernen.

So mag es zehn, zwanzig Jahre in der Ehe gut gehen, man löst sozusagen ein Rätsel nach dem anderen. Doch ich habe entdeckt, dass es auch noch die Geheimnisphase gibt. Der andere, mein Ehepartner, stellt sich mir als ein Geheimnis dar, weil er sich selbst ja nicht kennt, weil er selbst auf der Suche ist, was das Geheimnis seines Lebens ist. Es gehört zum großen Abenteuer der Ehe, gemeinsam auf diese Suche zu gehen, miteinander das Geheimnis des eigenen Lebens ein Stück weit zu lüften.

Ist es mit unserer Gottesbeziehung nicht ähnlich? Gott wird, je länger wir Christen sind, immer mehr ein Geheimnis, statt dass wir ihn immer besser enträtseln und er für uns dadurch handlicher und berechenbarer würde.

Vor Jahren hatte ich eine Formel aufgestellt, die mein Dienen als einer, der Jesus nachfolgt, beschreiben sollte und die ich lange Zeit so gelehrt habe.

Alles ist 100 Prozent Gnade[1], das meint umsonst, unverdient, ist Gottes Wirken.

Diese 100 Prozent Gnade bestehen aus:

$$1\,\% \text{ mein Tun} + 1\,\% \text{ das Tun anderer} + 98\,\% \text{ Wirken des Heiligen Geistes}$$

Ein Beispiel dafür ist die Speisung der Fünftausend, als Jesus ein paar Fische und Brote nahm, sie segnete und dann vielen zu essen gab. Das klingt ganz entspannt, nur ein paar Fischgräten und Brotkrumen, wie ein Freund es noch drastischer ausdrückte, mehr nicht, das genügt.

> (Anschließend) nahm er die fünf Brote und die zwei Fische, blickte zum Himmel auf und dankte Gott dafür. Dann brach er die Brote in Stücke und gab sie den Jüngern, und die Jünger verteilten sie an die Menge. Und alle aßen und wurden satt.
>
> *Matthäus 14,19-20*

Aber diese Formel geht noch weiter: Meinen kleinen Beitrag gebe ich mit 90 Prozent, was meint, mit meiner ganzen Kraft und Hingabe, also so gut es geht, keiner schafft oder braucht 100 Prozent.

Das hieß für mich, mich gründlich vorzubereiten, zum Beispiel auf die Hauskreisleitung, aber sie dann ganz loszulassen in Gottes Hände. So bin ich durch die Jahre gezogen oder wollte es zumindest.

Entschlüsselt diese Formel nicht ein Geheimnis, wie Gott und Mensch zusammenspielen? Im Prinzip ist sie eine Umsetzung des Gedankens von Ignatius von Loyola (1491-1556): »Handle so, als ob alles von dir abhinge, und sei dir gleichzeitig bewusst, dass Gott es ist, der alles wirkt.«

In all den Jahren fand ich diese Formel hilfreich und wegweisend und kam gar nicht auf die Idee, dass es eine noch bessere, zutreffendere geben könnte.

Hier ist sie, die neue Formel, mit der ich gerade zu leben versuche:

Alles ist 100 Prozent Gnade. Aber diese 100 Prozent Gnade bestehen aus:

> 1 % mein Lieben-Wollen + 1 % mein Tun + 1 % das Tun anderer + 97 % Wirken des Heiligen Geistes

Und diese Beiträge von je einem Prozent geben wir mit 80 Prozent oder 70 Prozent ganze Kraft und Hingabe und mit 10 Prozent Weisheit.

Ist diese nun die endgültige Formel? Wahrscheinlich nicht, aber sie reicht mir erst einmal für die nächsten Jahre.

Gott soll ein Geheimnis bleiben, nicht eines, das uns verunsichert und sich uns entzieht, sondern eines, das uns tiefer zu sich zieht, näher zu sich, in seiner Unaussprechlichkeit, ein Geheimnis, in dem wir immer mehr daheim sind.

Ich erinnere mich an eine Begegnung Anfang der 1980er-Jahre, als wir mit unserer Gemeinschaft monatlich vor dem Würzburger Dom mit Lobpreis, Erfahrungsberichten und Schriftlesungen das Evangeli-

> Gott wird, je länger wir Christen sind, immer mehr ein Geheimnis, statt dass wir ihn immer besser enträtseln und er für uns dadurch handlicher und berechenbarer würde.

um verkündeten. Es blieben immer viele Leute stehen, Gespräche ergaben sich, der ein oder andere fand auch den Weg zu unseren wöchentlichen Lobpreisgottesdiensten und dann zu Jesus Christus.

Einmal kam ich mit einem Mann ins Gespräch, er schien ein Priester zu sein, sein grauer Anzug ließ mich dies erahnen und seine Fragen klangen nach jemandem, der mit dem Evangelium vertraut ist. Nach unserem Gespräch strebte er dem Dom zu. Ich versuchte, ihm zu verdeutlichen, dass Jesus ganz konkret unseren Alltag teilt und Gottes Eingreifen erfahrbar ist. Eifrig gab ich ihm einige beeindruckende Zeugnisse davon. Er hörte durchaus interessiert zu - und verabschiedete sich mit den Worten: »Ich wünsche Ihnen, dass Sie die unfassbare Größe Gottes entdecken.«

Ich verspürte dabei seine Besorgnis, dass ich nur an einen handlichen Gott, den ich für meine Zwecke einspannen konnte, glaubte. Meine letzten Worte - im jugendlichen Glaubenseifer gesprochen - empfahlen ihm dagegen, Gottes Interesse für die kleinsten Kleinigkeiten seines Lebens zu entdecken. Sein Wunsch für mich geht heute in Erfüllung. Hoffentlich meiner für ihn auch.

Auf der einen Seite gilt, dass Gott nichts zu klein und nichts zu groß ist, seine Maßstäbe nicht die menschlichen sind, und auf der anderen Seite bin ich überzeugt, dass ich von Gott nur einen kleinen Teil erkannt habe, wenn dieser Teil auch für mich groß erscheinen mag.

Wenn ich heute bete, halte ich mir vor Augen, dass Gott unfassbar groß ist. Er ist mehreren Milliarden Menschen ganz persönlich nahe, freut sich mit ihnen, leidet mit ihnen. Gerade »bearbeitet« er Millionen von aktuellen Gebeten ganz persönlich. Natürlich auch die von vor fünf Minuten oder von vor einem Jahr, denn er handelt nach seinem Zeitplan.

Er kennt jeden Menschen und jede Ameise in Europa, in Afrika, auf der ganzen Welt und zu allen Zeiten. Meine kleine Welt ist ihm völlig bekannt und nicht gleichgültig. Vor Gottes Größe wird zwar alles ganz klein, aber es bleibt wichtig. Ich staune. Freude erfüllt mich. Ich bete an.

Der Auszug der »Bewährten«

Die Einladung, ein neues Land zu entdecken, wollte ich nicht neben den Gemeinden aufnehmen, sondern mit ihnen und in ihnen. Wenn ich »Gemeinde« schreibe, meine ich verbindliche Beziehungen, die neben dem gemeinsamen Gottesdienst auch Zeiten unter der Woche kennen, die man zusammen verbringt, betend, bibellesend, dienend, ein gemeinsames Unterwegssein und Einander-Anteil-Geben am eigenen Glaubensprozess. Solche Gemeinden oder Gemeinschaften finden sich in allen Kirchen und Freikirchen.

Mir fiel zunächst auf, dass der normale Gemeindealltag die Fragen nach dem geistlichen Älter-Werden und danach, ob es noch Geheimnisse Gottes gibt, an die wir bisher überhaupt nicht gedacht haben, nicht oder kaum thematisiert. Viele Angebote der Gemeinde, ob es die sonntäglichen Predigten sind oder die Themen von Hauskreisen oder Gemeindeseminaren, sorgen sich vor allem um die geistliche Versorgung von »jungen« Christen und jungen Familien oder haben die Schulung von Mitarbeitern im Blick. Und das ist auch nötig. Wie dankbar bin ich für all diese geistliche Nahrung, nicht nur im ersten Glaubensjahrzehnt! Wie hungrig habe ich Predigten gelauscht und mir Notizen gemacht zum Thema »Heiligung und Christus ähnlicher werden«, wie viele Seminare über Gebet habe ich besucht, wie viele Bibelstudienkurse, Seelsorgschulungen. Doch mit der Zeit kommt eine gewisse Spannung auf. Wir, »die schon länger dabei sind«, müssen immer wieder – mit mehr oder weniger Schuldgefühlen, weil wir nicht überheblich sein wollen – gegen die Gedanken ankämpfen: »Kenne ich schon«, oder: »Nicht schon wieder.« Wenn Sie sich zu dieser Gruppe rechnen, kennen Sie diese Gedanken vermutlich auch.

In der Reveal-Studie von Willow Creek, einer Befragung, die ab 2004 unter Hunderttausenden Gemeindemitgliedern in den USA durchgeführt wurde, gaben zum Beispiel mehr als 25 Prozent aller Befragten an, dass sie sich »im geistlichen Stillstand« befinden oder mit der Rolle, die die Gemeinde in ihrem geistlichen Wachstum spielt, »unzufrieden« sind. Gemeindeberater stellen fest, dass ein heimlicher oder auch ein offensichtlicher Auszug der langjährigen Christen aus den Gemeinden stattfindet. Ein Freund meinte sogar, dass die »Guten« alle weggehen und die Gemeinde verlassen würden. Das ist so sicherlich nicht generell zutreffend. Aber wenn Menschen von vierzig oder fünfzig Jahren, die gefordert sind, in Familie und Beruf ihren Mann oder ihre Frau zu stehen, Sonntag für Sonntag ähnliche Themen hören, zu ähnlichen Aktivitäten eingeladen werden, an denen sie inzwischen schon über Jahre hinweg immer wieder teilgenommen haben, dann kann ihnen das Lebensumfeld Gemeinde eng oder dürr werden, besonders, wenn ihre Begabungen und Interessen eher außerhalb von Gemeindeleitungs-, Seelsorge-, Gebets- oder Lobpreisdienst liegen oder wenn alle passenden Dienstbereiche bereits »besetzt« sind. In der eingangs erwähnten Vorfreude-Befragung freuten sich diejenigen, die einen Dienst im Gottesdienst hatten, mehr auf den nächsten Sonntagsgottesdienst als diejenigen, die »nur« Besucher waren.

> Gemeindeberater stellen fest, dass ein heimlicher oder auch ein offensichtlicher Auszug der langjährigen Christen aus den Gemeinden stattfindet.

Da stellt sich natürlich die Frage: Warum freuen sich die Gottesdienstteilnehmer mit einer Aufgabe mehr als die anderen? Ist der Sonntagsgottesdienst innerlich mehr präsent? Ist es die Vorfreude, selbst etwas bewirken zu können, Anerkennung zu erhalten oder das Reich Gottes mitbauen zu können? Wahrscheinlich sind alle diese Erklärungen passend und noch weitere.

Wenn bewährte Geschwister innerhalb der Gemeinde keine aktive Rolle finden können, treten manche den Rückzug aus der für sie nicht mehr herausfordernden Gemeinde an oder sie versuchen, sich am Rande zu platzieren, vielleicht mit christlichen übergemeindlichen Aktivitäten, oder sie engagieren sich in nicht christlichen Gruppen, über berufliche, familiäre oder private Kontakte, in Berufsverbänden, im Elternbeirat, im Sportverein. All dies sind in sich keine »ungläubigen« Aktivitäten, sie werden jedoch von manchen so wahrgenommen, weil die Verzahnung mit der Gemeinde fehlt, was für Unverständnis sorgen kann.

Fünf Positionierungen

Wenn ich mich mit anderen über die Entwicklung unseres Glaubenserlebens unterhalte, begegne ich fünf typischen Positionierungen:

Negative Routine

Wir kennen Zeiten, wo wir nichts Neues mehr von einer Gebetszeit oder einem Gottesdienst erwarten, nach dem Motto: »Haben wir alles schon gehabt.« In dieser negativen Routine stehen wir in der Gefahr, das zu entwerten, was wirklich wertvoll war und ist. Bei Erfahrungsberichten zum Beispiel hören wir nicht das echte Erlebnis heraus, das durchaus da ist, sondern konzentrieren uns auf die nicht immer zu vermeidenden Übertreibungen oder Beschönigungen, die mit einfließen.

Gott sei Dank habe ich nicht viele getroffen, die sich dauerhaft dieser negativen Routine zurechnen würden, mich eingeschlossen.

Durchhalten

Wenn das Gefühl von Routine eintritt, bewerten wir die aktuelle Zeit vielleicht als Verlust im Vergleich zu den ersten Jahren und nehmen uns mehr oder weniger verzweifelt vor, durchzuhalten, den Lauf zu vollenden, wobei die Betonung mehr auf dem Vollenden liegt als darauf, dass wir noch große Hoffnungen für den Lauf an sich hätten.

»Ich habe den guten Kampf gekämpft, ich habe das Ziel des Laufes erreicht, ich habe am Glauben festgehalten« (2. Timotheus 4,7), hat Paulus geschrieben, aber darunter verstand er mehr als eine Durchhalteparole. Manchmal werde ich einfach nur gebraucht, und das kann eine Hilfe sein, manchmal zählt wirklich nur mein Dabeisein, und das ist wertvoll.

Nicht alles wird mich dauerhaft begeistern oder mir weiterhelfen.

Aber, und das ist meine wertvolle Entdeckung der letzten Jahre, egal wie, Gott ist da und er wartet auf meine Umarmung.

> Manchmal werde ich einfach nur gebraucht, und das kann eine Hilfe sein, manchmal zählt wirklich nur mein Dabeisein, und das ist wertvoll.

Passivität
Manche Menschen ziehen sich ganz vom aktiven Gemeindeleben zurück. Vielleicht waren sie einmal »Negativroutinler« oder »Durchhalter«. Auch jetzt würden sie nicht von sich sagen, dass sie keine Christen mehr sind, aber ihr Christsein ist in den Hintergrund getreten und spielt keine direkte Rolle mehr in ihrem Alltag.

Positive Routine
Fast etwas überrascht habe ich mit einer größeren Anzahl von Christen gesprochen, die sich nicht der negativen Routine verschrieben hatten und sich auch nicht mit Durchhalteparolen über Wasser hielten, sondern sich in einer positiven Routine verorteten. Sie hatten ihren Platz im Leben, in der Familie, im Berufsleben und innerhalb der Gemeinde gefunden. Dankbarkeit kennzeichnete ihr Leben. Im Vergleich zu den negativen Routiniers hatten sie Sinn-Ressourcen in Familie, Beruf und Gemeinde entwickelt.

Die Reveal-Studie von Willow Creek spricht davon, dass die Menschen »im geistlichen Stillstand« (also in der negativen Routine oder im Modus »Durchhalten«) in viel höherem Maße »wesentliche Hinderungsgründe« für geistliches Wachstum angeben, zum Beispiel Abhängigkeiten (Spielsucht, Alkohol, krankhafte Essgewohnheiten u.a.) oder emotionale Probleme (Depression, Verdrängung von Gefühlen u.a.). So könnte die Gruppe der positiven Routiniers sich aus sozial und beruflich Bewährten oder Privilegierten zusammensetzen.

Erwartungsvoll
Eher selten begegnen mir Menschen, die sich keiner der anderen Gruppen zuordnen lassen, sondern im Blick nach vorne Neues und weiteres persönliches Wachstum erwarten. Sie erwarten, dass sie Bisheriges und Vertrautes in den Beziehungen zu anderen oder zu Gott tiefer verstehen und darüber hinaus wirklich etwas Neues, Unbekanntes erleben können. Die meisten haben dafür Anstöße von außen bekommen oder gesucht. Die Ortsgemeinde in unseren

westeuropäischen Größenverhältnissen kann nicht alles leisten, es braucht den gesamten Leib Christi.

Welcher dieser fünf Gruppen würden Sie sich am ehesten zuordnen und wie kann Ihnen dieses Buch weiterhelfen? Vielleicht so:

Wenn Sie eher eine *negative Routine* feststellen, dann könnten Sie entdecken, wie Gott sich mehr im Alltag finden lassen will. Persönliche Veränderungsprozesse (Stichwort »menschliche Hausaufgaben«) könnten anstehen, die nicht immer leicht sind, Ihnen aber helfen, Ihren Platz in diesem Leben einzunehmen, nicht nur in der Gemeinde. Eine ganzheitliche innere Stärke wird gewonnen.

Sind Sie mehr ein *Durchhalter*, dann könnten Horizonterweiterungen anstehen, damit der Geschmack an Neuem wieder aufkommt, das Interesse, einmal über den Tellerrand zu schauen, neugierig zu sein.

Was gäbe es für die *passiven Mitglieder* zu finden? Ich wünsche mir, dass Sie ins Staunen geraten, wie großartig unser Gott ist, wie weit er in seiner Größe, Liebe und Nähe Ihre bisherigen Erfahrungen übersteigt. Nichts kann Sie von der Liebe Gottes trennen, die in Jesus Christus ist (Römer 8,38-39).

Und falls Sie in *positiver Routine* leben? Vielleicht braucht es eine Veränderung der eigenen Maßstäbe, denn was bei den Menschen groß oder klein, wichtig oder unwichtig ist und sich auch in unserer christlichen Szene eingebürgert hat, muss es noch lange nicht bei Gott sein.

Gehören Sie zu den *Erwartungsvollen*, dann werden Sie hoffentlich durch die Lektüre auf Ihrem einzigartigen Weg bestätigt, den es für Sie zu gehen gilt. Denn mit jahrzehntelanger Nachfolge sind Sie keine Kopie irgendeines Ideals, sondern gehen als Erwachsener an der Hand Gottes.

Neben diesen Gruppen gibt es noch eine weitere: Christen, die verletzt oder enttäuscht wurden, vielleicht sogar geistlichen Missbrauch erlebt haben. Es tut mir weh, dass Menschen in Gemeinden so Schlimmes erleben. Mir fehlt es in diesem Bereich an Kompetenz, um näher darauf einzugehen, doch andere Bücher greifen das Thema sehr gut auf. Ich möchte hier vor allem Inge Tempelmanns Handbuch zum Thema empfehlen.[2]

Wie kann das Neue aussehen?

Jahrzehntelang Christsein meint: Wir sind nicht mehr die gleichen Christen wie in den ersten Jahren und wir werden in fünf, zehn oder mehr Jahren nicht mehr die gleichen sein wie heute. Es war mir in den letzten Jahren ein Anliegen, in Gemeindeseminaren mit langjährigen Christen darüber ins Gespräch zu kommen, wie für sie, für uns, für jeden ganz persönlich dieses Neue aussehen könnte. Einer von ihnen schrieb mir:

Ich bin 56 Jahre alt und arbeite als Ingenieur. Mitte der 1980er-Jahre begann ich, nach dem Sinn des Lebens zu fragen. Ich war auf Messers Schneide, am Scheideweg meines Lebens. Meine Ehe war gescheitert und ich war enttäuscht vom Leben, von Beziehung. Allein die Generalfrage über meinem Leben erweckte in mir immense Abenteuerlust und Überlebenskraft: »Wo finde ich ein zufriedenes Leben?«

Ich bin dann zwei Mal um den Globus gereist und kam mit Jesus im Gepäck zurück. Aber das ist eine andere Geschichte. Anfang der 1990er-Jahre habe ich mein Leben Jesus anvertraut. Es war und ist bis heute jeden Tag aufs Neue »Abenteuer mit Jesus«. Natürlich war ich zu Anfang Feuer und Flamme für Jesus. Gottes Wort in mich aufnehmen, geistliches Wachstum erleben, Willow-Creek-Kongresse, Lobpreisgottesdienste, IGNIS-Seminare, Reich-Gottes-Arbeit etc. waren und sind die Essenz meines Lebens.

Wie ist der Vergleich von heute zu damals? Heute suche ich mehr die Nähe Gottes und seine leise Stimme. Allerdings habe ich heute als langjähriger Christ schon manchmal meinen Frust über zu lange Predigten, das Layout von unserem Gemeindebrief, Kommunikationsdefizite untereinander oder Beziehungskonflikte. Da würde ich das ein oder andere Mal am liebsten davonlaufen.

Die engste und innigste Beziehung will ich niemals mehr missen, die zu meinem Schöpfergott. Er ist mein Herr und mein Gott und er weiß, was gut für mich ist. Ich danke ihm für seine große Gnade und seine Liebe, die er mir tagtäglich einfach so schenkt.

Er hat mir eine gläubige Frau und neuen Lebenssinn geschenkt. Ich bin seit 1993 in der gleichen Gemeinde. Ich will kein Christenleben allein für mich leben. Darüber hinaus bin ich mit vielen anderen Gemeinden und Denominationen verbunden.

Ich denke, dass jeder Mensch eine Bestimmung in seinem Leben hat und dass Gott ihm die rechte Gabe schenkt, um sie auszuführen. Bei mir zum Beispiel ist mein Glaube fester geworden, ich kann gut organisieren und unterscheiden. Die größte und höchste Bestimmung jedoch ist die Gemeinschaft mit unserem Herrn Jesus Christus und mit unserem Nächsten. Und der Nächste ist wirklich der Nächste, gläubig oder ungläubig. Ich höre heute genauer hin, was Menschen zu sagen haben, auch wenn sie weit entfernt sind vom Glauben. Gott kann mir auch durch ihr Wissen etwas mitteilen.

Mein augenblicklicher geistlicher Schwerpunkt liegt darin, Gott in meinem täglichen Leben vermehrt zu begegnen und zu sagen: »Herr, hier bin ich.«

Jahrelange Nachfolge verbindet

Wenn wir uns in den folgenden Kapiteln dem »Land gereiften Glaubens« mit seinen Bewohnern und Dimensionen genauer zuwenden, werden wir den Einzelnen vor allem in Bezug auf seine Gottesbeziehung betrachten, Gottes Beziehung zu uns und unsere zu ihm und was das an Möglichkeiten und Konsequenzen mit sich bringt. Alles andere, was zum komplexen Wesen Mensch gehört, wie zum Beispiel die Lebensgeschichte des Einzelnen mit ihren Höhen und Tiefen und den ungelösten Knoten, den Einflüssen seines direkten Umfelds und seiner gesellschaftlichen Umwelt, seinen Aufgaben und Möglichkeiten, werden wir vernachlässigen, auch das genaue Alter, ob er in unsicheren Zeiten lebt, allein oder mit Familie und welche Bedrohungen weltweit ihm vor Augen stehen.

Zwei Jahrzehnte Christsein und mehr bedeutet, mindestens so viele Jahre älter geworden zu sein. Die Altersspanne zu diesem Thema auf meinen Seminaren bewegt sich zwischen Anfang vierzig bis über siebzig, mit einem Altersschwerpunkt um die fünfzig.

Sie lesen also kein Buch speziell für Senioren und entsprechend sind auch die spezifischen Herausforderungen des frühen Alters, der Berentung und des Ruhestands oder beginnender Altersbeschwerden nicht Thema der nächsten Seiten. Mit diesen Hinweisen will ich um Verständnis bitten, wenn die folgenden Anstöße für manchen zu allgemein oder ganz unpassend zur aktuellen Lebenssituation erscheinen. Doch immer wieder erlebe ich, dass der Faktor jahrelange Nachfolge verbindet, dass es über die Lebensalter hinweg viele Gemeinsamkeiten gibt.

Dein Kap der Guten Hoffnung?

Kap der Guten Hoffnung, vor etwa 25 Jahren. Ich saß damals auf einem Felsen in der Brandung, ganz nahe dem Zusammenfluss des Atlantischen und des Indischen Ozeans, und fragte mich, während mein ganzes bisheriges Leben vor meinen Augen vorbeizog, wie ich nur hierhergekommen war. Alles war für mich ein Wunder, in meinem Herzen pries ich Gott für seine Liebe und Führung, die einen kleinen fränkischen Dorfjungen nach Südafrika geführt hatte, wo ich einige Seelsorgeseminare halten durfte und jetzt ein paar Erholungstage genoss. Damals, auf diesem Felsen im Meer, kam einiges in mir zusammen, das Staunen, wie Gott aus Mist Dünger machen kann (ich meine, aus meinem verstörten, unsicheren Leben ein fruchtbares), die Zufriedenheit über die erledigte Seminararbeit, die Naturgewalten und -schönheiten und das liebevolle Verständnis meines Gastgebers, der mich gewähren ließ, geduldig sicher mehr als eine Stunde am Ufer wartete, mich sogar ermutigte, noch länger zu bleiben, weil er spürte, was in mir vorging.

Damals staunte ich über mein bisheriges Leben und hatte letztlich noch keine Ahnung, was die nächsten 25 Jahre alles bringen würden, als Zeichen der Liebe Gottes und auf dem Weg, als Christ reifer zu werden.

So lade ich Sie ein, sich auf eine Reise des Staunens zu begeben, in mehr Nähe, Schönheit und Weite eines gelebten Glaubens, in der Liebe Jesu. Die Freude am Glauben bleibt. Die Koffer sind gepackt.

2. Aus der Vogelperspektive: Unser Glaube entwickelt sich

Heute muss ich nicht mehr auf den Dachboden kriechen und nach verstaubten Tagebüchern suchen, wenn ich in die Vergangenheit reisen möchte. Ich gebe einfach am Computer »2008« in die Suchoption ein und nach ein paar Klicks bin ich bei den Notizen zu meinem dreißigsten Geburtstag als Christ gelandet. Der war im Oktober 2008 und damals begann für mich eine aufregende Reise »zurück in die Zukunft«.

Wegabschnitte

Was war in den drei Jahrzehnten nicht alles passiert? Und was nicht? Wie ging es mir im Vergleich zu den Anfangsjahren? Konnte ich mich als reifer einschätzen oder als oberflächlicher? Besaß ich noch das gleiche Feuer wie am Anfang oder war ich lauer geworden? Gibt es vielleicht verschiedene Feuer? Was erwartete ich von den nächsten zehn, zwanzig oder dreißig Jahren? Erwartete ich überhaupt noch etwas?

Eine Bilanz nach dreißig Jahren Christsein

Mir gingen viele Fragen durch den Kopf, als ich meine Notizen durchblätterte, und schnell fiel mir auf, dass ich mir nicht ganz im Klaren war, welche Maßstäbe ich überhaupt anlegen sollte. Was an meinen spontan gefühlten Plus- und Minuszeichen für die letzten

Jahrzehnte waren nur meine subjektiven Bewertungen? Was waren Gottes Bewertungen? Was würden andere Menschen sagen?

Etwa mein Fazit damals am Kap der Guten Hoffnung, das auch in meinem Rückblick zu meinem 30-jährigen Jubiläum auftauchte – war meine dankbare Zufriedenheit dort nicht gefärbt durch die herrliche Landschaft und die Erfahrungen einer guten Seminarwoche? Steht hinter dieser Frage letztlich nicht die grundlegende Frage: Kann man denn überhaupt zufrieden sein mit sich als Nachfolger Christi?

Zufrieden sein, weil ich alles geschafft habe, nein, das geht nicht. Das wusste ich auch damals in Südafrika. Aber im Frieden sein mit sich, seinem Weg und mit Gott, das geht.

Zu meinem 30. geistlichen Geburtstag formulierte ich folgende Anliegen:

> Ich will lernen, demütiger zu sein und mich demütiger in Worten und Taten zu geben. Trotzdem will ich mit beiden Füßen im Leben stehen und festhalten: Bei Gott ist nichts unmöglich! In der Welt will ich vertrauen, dass mein Leben sie als Sauerteig durchsäuert, ob ich es merke oder nicht, ob es viel oder wenig Sauerteig ist.

Heute, fast zehn Jahre später, kann ich zu diesen Notizen nur »Amen« sagen und weiterhin »Danke«! Aber es schleicht sich auch immer noch ein leiser Zweifel ein, dass ich vielleicht so selbstzentriert bin, dass ich viele Minuszeichen gar nicht an mich herangelassen habe. Und muss ich mich, nach fast vierzig Jahren bewusst gelebter Gottesbeziehung, nicht mit einem höheren Maß messen lassen? »Wem viel gegeben wurde, von dem wird viel gefordert, und wem viel anvertraut wurde, von dem wird umso mehr verlangt« (Lukas 12,48).

»Immer mehr von dir«, wie Lothar Kosse später dichtete, darunter stellte ich mir in den ersten Jahren als Christ eine recht kontinuierliche Entwicklung vor, sicher mit Schwankungen und Rückschlägen, aber doch mit einer Zunahme der Anfangserfahrungen von Gottes Nähe und Wirken. Was damals nicht in meinen Vorstellungen vorkam, war das Tempo mancher Entwicklungen und dass es Wegabschnitte geben könnte, in denen sich völlig neue Themen stellen, mit einer eigenen Überschrift. Manche davon schienen zunächst eher von Gott wegzuführen, weil sie nicht in den vorherigen Rahmen passten, und stellten sich erst im Nachhinein als Qualitätssprung in der Gottesbeziehung und im gelebten Glauben heraus.

2008 fing ich an, über die Wegabschnitte meiner Glaubensentwicklung nachzudenken. Ich liebe es, Fragen oder Gedanken grafisch darzustellen, Papier und Bleistift muss ich eigentlich immer zur Hand haben. Im Prinzip versuche ich dabei, eine Vogelperspektive einzunehmen, nehme also Abstand. Auch wenn es nur dreißig Zentimeter zwischen Papier und Augen sind, springen dann Zusammenhänge und Entwicklungen mehr ins Auge.

> Es gibt Wegabschnitte, in denen sich völlig neue Themen stellen, mit einer eigenen Überschrift und mit Qualitätssprüngen in der Gottesbeziehung und im gelebten Glauben.

Drei wesentliche Wegabschnitte formten sich für mich heraus, jeder mit einem eigenen Tempo und einer unterschiedlichen Landschaft. Ich fasse sie in der folgenden Grafik zusammen.

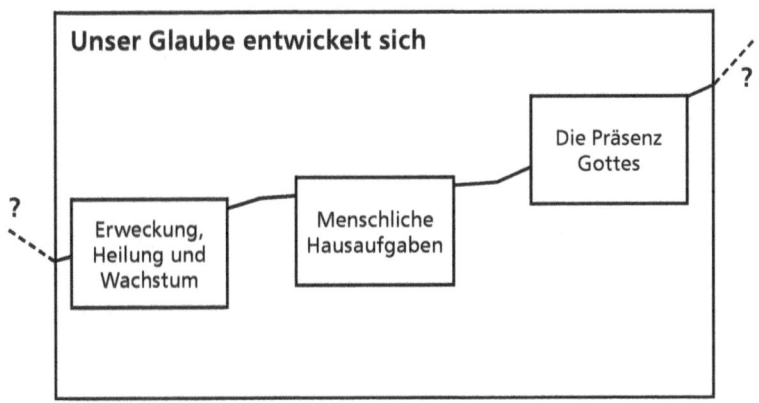

Erweckung, Heilung und Wachstum – menschliche Hausaufgaben – die Präsenz Gottes: Werden diese Wegetappen mit drei Kästen dargestellt und diese mit durchgezogenen Linien verbunden, dann ist diese Darstellung natürlich nicht gut geeignet, das Auf und Ab unseres Lebens wiederzugeben, das soll vorneweg gesagt sein.

Ich gehöre zu denen, die nach einer Zeit des Unglaubens (meine ersten dreißig Lebensjahre) zum Glauben gefunden haben. Aus Gesprächen weiß ich, dass Christen, die schon fast ihr ganzes Leben Christen sind, weil sie in einer christlichen Familie aufgewachsen sind, oder die vor einer Glaubenswende bereits einige Jahre innerhalb kirchlicher Kreise gelebt haben, meist einen etwas anderen Verlauf erstellen. Bei manchen kann sich auch die zweite Wegetappe parallel zur ersten oder davor »abspielen«. Hier kommt es mit darauf an, in welchem Alter wir zum Glauben finden, als Kinder, mit 20, 30 oder 50 Jahren oder noch später.

Mit anderen Worten, Grafiken stimmen nicht unbedingt mit der persönlichen Realität überein, transportieren aber eingängige Botschaften.

Die Dauer der ersten beiden Abschnitte veranschlage ich mit einem Zeitraum zwischen sieben und zwölf Jahren. Wie komme ich auf diese Zahlen? Zunächst zeigen diese Zeitangaben, dass die Phasen für jeden unterschiedlich lang dauern können. Außerdem weisen sie darauf hin, dass etwas Neues Jahre braucht, bis es angekommen, aufgenommen und zu etwas normal Dazugehörigem geworden ist.

Zum Beispiel dauert die Integration in eine neue Arbeitsstelle in der Regel zwei Jahre. Nach weiteren drei Jahren Bewährung kann man sich nach einem beruflichen Aufstieg umschauen, oft dauert es dann wieder etwa zwei Jahre, bis dieser erfolgt. Das macht schon sieben Jahre, auch wenn das geistliche Leben natürlich nicht mit dem beruflichen gleichgesetzt werden kann, so lassen sich hier doch Parallelen finden. Da wir aber normalerweise dem Beruf mehr Zeit widmen als unserer geistlichen Entwicklung, habe ich noch etwas Zeit zugegeben und sieben bis zwölf Jahre genommen.

Drei atemberaubende Szenarien

Meine Vogelperspektive zeigte mir für diese drei Wegabschnitte jeweils drei atemberaubende Szenarien. Zunächst sah ich blühende Bäume, Wiesen, Blumen, dann Menschen, die sich freuten, manche tanzten sogar, blühten selbst auf, Junge und Alte, Anfänger und Fortgeschrittene, Menschen, die andere neugierig machten. Der angenehme Frühlingswind brachte Frühlingsfreude. Dann kamen Städte mit Wohnsiedlungen, Kinderspielplätzen, Einkaufsstraßen, Einbahnstraßen, Krankenhäusern, einem Theater und – nicht zu vergessen – einem Fußballstadion: der vibrierende Alltag.

Und schließlich tauchten Meer und Küsten auf, mit Ebbe und Flut, dem Tosen der Wellen, Stürmen, unergründlicher Tiefe und stiller See: die Weite Gottes.

Aber Vogelperspektive bedeutet noch etwas anderes. Vögel sehen nicht nur nach unten, sie schauen auch nach oben, in den Himmel, ins Unendliche, ins Ewige: unser Leben, ein Zwischenschritt.

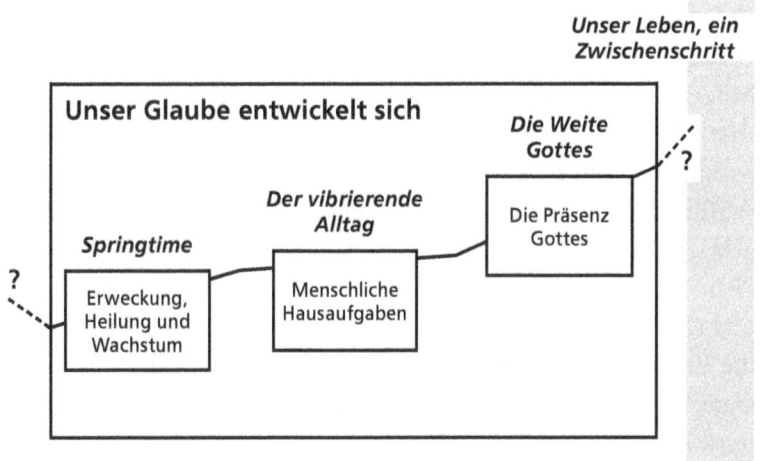

Über den Zaun geschaut

Bevor ich diese atemberaubenden Wegabschnitte mit Ihnen abschreite, möchte ich erwähnen, dass meine vierzig Jahre Glaubensleben auch eine lange Lese- und Studienreise für mich waren. Ich verdanke zahlreichen Büchern wertvolle Impulse. Natürlich habe ich mich deshalb gefragt, ob das Thema »die Entwicklung unseres Glaubens« nicht bereits umfassend in theologischen, religionspädagogischen und religionspsychologischen Modellen der Glaubensentwicklung abgehandelt worden ist. So habe ich mich zum Beispiel bei Fritz Oser, Bernhard Grom und Kalevi Tamminen umgeschaut und natürlich das bekannte Sechsstufenmodell von James Fowler näher betrachtet. Fowler orientiert sich neben seinen eigenen empirischen Untersuchungen an den Theorien zur kognitiven und moralischen Entwicklung. Der Altersentwicklung entsprechend beginnt er mit der Stufe 1, dem ersten Glauben des Kindes, und endet mit der Stufe 6, »universeller Glaube«.[3]

Meiner Meinung nach berücksichtigen alle diese Modelle nicht, welche Glaubensentwicklung von einer Bekehrungserfahrung im Erwachsenenalter ausgeht und dass die bewussten, liebevollen Aktivitäten eines personalen göttlichen Gegenübers durch den Heiligen Geist eine zentrale Rolle bei aller Entwicklung spielen. Sie beziehen also die individuelle Dynamisierung des allgemeinen menschlichen Glaubensvermögens nicht mit ein. Dennoch finde ich in all diesen Modellen die Bestätigung, dass sich unser Glaube entwickelt und dass dies etwas mit unserem Lebensalter und unserer Gesamtentwicklung zu tun hat.

Ähnliches gilt für Bücher, in denen es um eine »spirituelle Reise« geht, zum Beispiel von Autoren wie Richard Rohr, Thomas Merton, Henri Nouwen und anderen. Auch hier vermisse ich die persönliche und einzigartige Komponente einer Gottesbeziehung und außerdem die Einbindung der individuellen spirituellen Reise ins alltägliche Gemeindeleben (auch wenn ich immer wieder auf interessante Impulse gestoßen bin).

Letztlich war mir klar, geistlich weiterzugehen lerne ich nicht am Schreibtisch oder im Lesesessel, sondern mittendrin im eigenen Leben. Es beginnt mit dem ersten Schritt, dem, was ich als erste Wegetappe der Glaubensentwicklung sehe und etwas euphorisch mit »Springtime«, also Frühlingszeit, überschrieben habe.

Erster Wegabschnitt: Springtime

War es nur Zufall, dass ich für den ersten Wegabschnitt (m)einer Glaubensentwicklung einen englischen Titel gewählt habe? Sicher nicht. Ohne Zweifel war mein erster Abschnitt in der Nachfolge von vielen Einflüssen aus dem englischsprachigen Raum gekennzeichnet. Das erste Buch mit evangelikal-charismatischem Hintergrund, das ich noch vor meiner Glaubenswende in die Hände bekam, war »Ich suchte stets das Abenteuer« von Merlin Carothers[4], einem amerikanischen Militärgeistlichen im Vietnamkrieg. »Entweder er lügt oder ich liege verkehrt« war 1977 mein Fazit, als ich zum ersten Mal in meinem Leben von so erstaunlichen Glaubenserfahrungen und Gebetserhörungen las. Tiefere Gedanken machte ich mir nicht, aber es war ein Schritt in die richtige Richtung.

Ein Nachhausekommen

Bekehrung oder Umkehrerfahrung wird der Einstieg in diese erste Phase meistens genannt, wir werden aufgeweckt, wach über die Wahrheit unseres Lebens und über die Wahrheit Gottes in Jesus Christus.

In dieser ersten Zeit sind Christen ganz unterschiedlich damit beschäftigt, diesen Jesus kennenzulernen und eine persönliche Beziehung zu ihm aufzubauen, gleichgültig, ob wir auf diesen Weg durch ein mehr oder weniger dramatisches Bekehrungserlebnis gekommen sind oder eher kontinuierlich, vielleicht über die Kindheit und Jugendzeit hinweg immer wieder mit »kleineren« Entscheidungen. Beides sind gleichwertige Wege hinein in einen lebendigen Glauben, aber auf bewusste Entscheidungen kommt es an.

In einer Untersuchung über das Christwerden war eines der Ergebnisse: »Personen, die sich bewusst dafür entschieden, Christen zu sein, waren stärker engagiert ... als diejenigen, die sich nicht bewusst für das Christsein entschieden hatten. Es konnten keine Unterschiede in dem Niveau des Engagements zwischen den Vertretern der beiden Arten von bewusster Entscheidung festgestellt werden – der plötzlichen und der allmählichen.«[5]

Meine Bekehrung fand in der charismatischen Erneuerung der katholischen Kirche statt. Von Bekannten war ich 1978 in Würzburg, wo wir seit einem Jahr wohnten, in einen Gebetskreis eingeladen worden, der von einem ehemaligen Afrikamissionar geleitet wurde. Was ich dort am ersten Abend beobachten konnte, war völlig neu für mich: freies, selbst formuliertes Gebet, Lobpreis, Berichte von Glaubenserfahrungen und Gebet füreinander. Auch der biblische Impuls des Priesters war in seiner Einfachheit und Lebensnähe neu für mich. Obwohl so vieles neu war, verspürte ich überhaupt keine Widerstände in mir, es war für mich wie ein Nachhausekommen.

In den nächsten Wochen geschah etwas in mir: Mein bisheriges Leben lief vor meinen Augen ab, vor allem alle meine Verfehlungen. Das drückte mich aber nicht nieder, obwohl viele Tränen flossen, denn gleichzeitig war ich von einer Liebe erfüllt, die mich sogar nachts einmal aufweckte. Ich verspürte, wie mein ganzer Körper glühte. Es war für mich selbstverständlich, dass ich Ja sagen wollte zu diesem Gott und ihm mein Leben anvertraute.

Begleitende Lektüre klärte mich weiter auf, in welchen Bereich der Christenheit ich eingetreten war, einen Bereich, der mir vorher völlig verborgen gewesen war. Als ich zum Beispiel Mitte der 1970er-Jahre in einer christlichen Buchhandlung in Nürnberg nach einem Buch über den Heiligen Geist gefragt hatte, weil ich mit diesem »Begriff« überhaupt nichts anzufangen wusste, empfahl der Buchhändler mir nach einigem Herumsuchen »Die Bitte um den Heiligen Geist« von Wilhelm Stählin. Es sprach mich nicht sehr an, obwohl ich es aus heutiger Sicht durchaus interessant finde. Jahrzehnte später schmökerte ich wieder einmal in dieser Buchhandlung und entdeckte einen Nebenraum mit Regalen voller erwecklicher und erbaulicher Literatur, den ich bei meinem ersten Besuch einfach nicht gesehen hatte. War das symptomatisch für eine geistliche Blindheit?

Ich vermute, dass die meisten Christen in Deutschland in den vielfältigen Reichtum und in die Herausforderungen dieser auch konfessionell unterschiedlich geprägten Anfangszeit nicht allein über Gottesdienste, sondern auch über das gemeindliche Angebot von Jüngerschafts-, Glaubens- oder Alpha-Kursen hineingenommen worden sind und werden. Über all dies werde ich hier nicht ausführlich schreiben, aber doch exemplarisch (und unsystematisch) Erfahrungen dieser Zeit aufgreifen.

Viele erleben ihre Bekehrung ähnlich wie ich: etwas Neues beginnt, stellt das Bisherige in den Schatten. Eine neue Energie fließt einem zu. Türen und Perspektiven öffnen sich. Einsamkeit wird überwunden. Der Geschmack von echtem Leben, wenn auch nur ansatzweise, mit viel Hoffnung auf mehr, beflügelt. Begeisterte Freude überkommt einen immer wieder.

Hinter dieser Erfahrung steht etwa Folgendes: Ich habe bewusst Ja gesagt zum Evangelium von Jesus Christus. Ja, Gott ist Mensch geworden, hat unter uns Menschen gelebt, wurde gekreuzigt, stellvertretend für unsere Schuld, ist auferstanden von den Toten, ist auf der Erde gegenwärtig durch den Heiligen Geist als Haupt der Gemeinde. Ich warte auf die endgültige Erlösung dieser Welt. Das zu begreifen war ein Werk des Heiligen Geistes. Als Antwort darauf entschied ich mich, dass der Wille Gottes bewusst mein Leben bestimmen darf.

Mein Lebenshaus loslassen

Dieses erste Ja ist der Anfang eines Bekehrungsprozesses, der im Prinzip ein Leben lang andauert. Ich begriff mein Leben als ein Lebenshaus mit vielen Zimmern: Familie, Arbeit, Sexualität, finanzielle Versorgung, Hobbys. Mehr oder weniger war ich bisher mein eigener Herr gewesen und machte mich nun auf, jedes Zimmer, inklusive des Schlüssels, Gott zu übergeben: Er soll und darf alle Räume meines Lebens durchdringen.

> Das erste Ja ist der Anfang eines Bekehrungsprozesses, der im Prinzip ein Leben lang dauert.

Wenn ich mich recht erinnere, war die Schwierigkeit für mich dabei nicht, die eigene Herrschaft aufzugeben, sondern vielmehr die Herausforderung, verborgene Räume meines Lebens überhaupt zu entdecken und in den Blick zu nehmen. Auch nach fast vierzig Jahren bin ich damit noch nicht fertig.

Ich denke, die Einsicht in mein bisheriges Leben und die Erkenntnis der Liebe Gottes waren die Auslöser für meine Lebenswende, aber die Erfahrung, dass etwas von außen her, von oben her an mir geschah, war dann die Motivation, in dieser Frühlingszeit des Lebens weiterzufahren.

Ein Beispiel soll genügen

Ich habe damals Gottes Versorgung erlebt, für das Alltägliche, für Prüfungen, auf Reisen oder in besonderen Situationen wie 1980. Ich arbeitete seit Kurzem in einem Reha-Zentrum, als wir erfuhren, dass ein junger, behinderter Mann von zu Hause weggelaufen und zu uns in die Stadt gefahren war. Im Reha-Zentrum war er aber nicht angekommen. Es blieb uns daher nichts anderes übrig, als auszuschwärmen und ihn zu suchen. In dem Moment, als ich von meinem Stuhl aufstand, spürte ich plötzlich und überraschend körperlich die Gegenwart des Heiligen Geistes, etwas durchströmte mich (ein sogenanntes energetisches Phänomen, wie die Religionspsychologen sagen).

Diese Gegenwart blieb bei mir, führte mich durch die Straßen, solange – so schien es –, solange ich auf dem richtigen Weg war, verschwand wieder, wenn ich in die falsche Richtung einbog, und führte mich in den ersten Stock eines großen Kaufhauses, wo der junge Mann stand.

Begeistert fuhr ich hungrig nach »mehr« in meiner Frühlingszeit dahin, die gespickt war mit Konferenzen, Seelsorgeseminaren, Bibelkursen, Jüngerschaftstrainings, Büchern und nochmals Büchern, mit Tonbandkassetten mit Vorträgen, wöchentlichen Gebetsstunden und Gottesdiensten und natürlich der täglichen »Stillen Zeit«. Hinzu kamen die ersten Dienste, meine allererste Aufgabe war es, die Liederbücher auszuteilen. Außerdem war ich berufstätig, Aufgaben wurden in Verantwortung angepackt, die Familie brauchte mich und in diesem ersten Jahrzehnt sind wir außerdem zweimal umgezogen. Fulltime Springtime – die Frühlingszeit erfordert den ganzen Einsatz.

Der doppelte Lebens-TÜV

Wenn ich heute zurückblicke, denke ich, dass ich damals wirklich begriff, worauf es in dieser Frühlingszeit zuerst ankam, nämlich mein Leben aufzuräumen. Ich nahm mir Zeit, alle meine Sünden, die großen wie die kleinen, aufzuschreiben und zu bekennen und, wo es möglich war, wiedergutzumachen.

Bei einem Onkel hatte ich als Jugendlicher aus einer wertvollen Sammlung gelegentlich einige der doppelten Briefmarken entwendet. Es war nicht leicht, aber selbstverständlich für mich, ihm diese Schuld einzugestehen und ihm als Ersatz mehrere Hundert D-Mark zu geben. Er nahm sie gern, obwohl er versuchte, das Ganze herunterzuspielen, und nicht direkt aussprach, dass es sich tatsächlich um einen Diebstahl handelte.

Ich nahm mir in diesen ersten Jahren auch Zeit, all denen zu vergeben, die an mir schuldig geworden waren, ob sie noch lebten oder nicht. Dazu gehörte meine Mutter. Als Bauernmädchen und eher einfache Frau hatte sie sich geschämt, in der Großstadt leben zu müssen, und sie war damit überfordert, ihren einzigen Sohn in diesem Umfeld großzuziehen. In unserer Beziehung gab es viel Tränen, Schmerz und Streit von beiden Seiten, auch Schläge mit Fäusten und Füßen ihrerseits und giftige Sätze von mir als Revanche, sodass ich auch an ihr schuldig wurde.

Ich werde den Augenblick einige Jahre nach ihrem Tod nie vergessen, in dem ich ihr schließlich für all ihre Missachtung und lebenstötende Aggressivität ganz vergeben konnte. Während meines Gebets tauchte vor meinem inneren Auge eine neue Frau auf, die in all ihrer Überforderung verzweifelt versucht hatte, mir ihre mütterliche Liebe mitzuteilen.

Diesen doppelten Lebens-TÜV - Vergebung der eigenen Schuld und innere Vergebung der Schuld anderer bis zur Aussöhnung (wenn dies möglich ist) - empfehle und praktiziere ich noch heute.

Verstärkt wurden die Auswirkungen von Vergebung und Versöhnung durch Erfahrungen der heilenden Liebe Gottes in Gebet und Seelsorge, die mich, damals sozial ängstlich, unsicher und konfliktunfähig, langsam veränderten und mir Hoffnung machten, dass es eine Freiheit zu leben gibt, ohne Scham und Ängste.

Diese Geschenke von oben bereiteten den Boden für wichtige geistliche Lernaufgaben der ersten Jahre vor.

Frucht bringen dürfen

Im Gleichnis vom vierfachen Ackerboden (Matthäus 13,3-8) beschreibt Jesus in großartiger Weise, worauf es in diesen ersten Jahren ankommt: fruchtbarer Boden für das Wort Gottes zu werden.

Was die ersten drei Saatböden bedeuten, auf die das Wort Gottes mehr oder weniger unfruchtbar fällt, der Weg, der felsige Boden und der dornige Abschnitt, entschlüsselt Jesus im zweiten Teil seiner Rede (Matthäus 13,18-23):

- Der Weg ist unser Unverständnis des Wortes Gottes.
- Der felsige Boden repräsentiert unsere Unbeständigkeit, die bei Schwierigkeiten aufgibt.
- Der dornige Abschnitt steht für die Sorgen dieser Welt und die Verführungen des Reichtums.

Genau hierin bestehen die Herausforderungen der ersten Jahre in der Nachfolge Jesu:

1. das Wort Gottes und alles, was es Neues zu lernen gibt, wirklich verstehen zu wollen,
2. Beständigkeit und Widerstandsfähigkeit auch bei Schwierigkeiten und Widerständen im Glaubensleben zu erlernen und
3. frei von den Versuchungen und Sorgen dieser Welt und des Geldes zu werden.

Im vierzigjährigen Rückblick kann ich sagen, dass ich dazu einiges gelernt habe, bestimmte Schwachstellen machen mir immer noch zu schaffen, aber es ist schon besser geworden.

Es hat etwas Begeisterndes, immer mehr zu erfahren, dass wir Jesus vertrauen können, wenn er uns zuruft: »Macht euch keine Sorgen um das, was ihr an Essen und Trinken zum Leben und an Kleidung für euren Körper braucht ... Es soll euch zuerst um Gottes

Reich und Gottes Gerechtigkeit gehen« (Matthäus 6,25.33), und dass wir unsere Sorgen wirklich auf ihn werfen und bei ihm ablegen können (1. Petrus 5,7).

Was kennzeichnet aber den fruchtbaren Boden, das sogenannte gute Land? Jemand hört das Wort und versteht es, er nimmt es auf und hält daran fest, lässt sich nicht entmutigen, und dann bringt er Frucht – einer hundertfach, ein anderer sechzigfach und wieder ein anderer dreißigfach.

Hören! Verstehen wollen! Ein feines gutes Herz haben! Und: Geduld und Ausdauer! Das sind Lektionen der ersten Lehrjahre. Wir dürfen dabei Frucht schmecken lernen, dreißigfach, sechzigfach und hundertfach, und auch die Freude aus der Quelle der Liebe von Jesus und aus unserem Wollen, ihm nachzufolgen.

Im vierzigjährigen Rückblick kann ich sagen, dass ich dazu einiges gelernt habe, bestimmte Schwachstellen machen mir immer noch zu schaffen, aber es ist schon besser geworden.

Seht, wie sie einander lieben

Auch wenn ich den ersten Wegabschnitt nur unsystematisch beschreibe, die Gemeinschaftserfahrungen müssen auf jeden Fall hervorgehoben werden. Sie waren vor allem ein Wirken des Heiligen Geistes, denn wenn ich heute nachfrage, würde jeder von uns seine Beziehungsdefizite zugeben.

Ich möchte nicht behaupten, dass wir damals jedem gerecht geworden sind, der zu uns gestoßen ist, aber immer wieder hörten wir, dass unser Miteinander, unsere Liebe zueinander, anziehend wirkte. Nicht nur innerhalb unserer Gemeinschaft, die sich aus einem kleinen Kreis von jungen Leuten in den 1980er-Jahren entwickelt hatte, sondern auch zu anderen Christen in den Erneuerungsbewegungen entstand schnell eine Verbundenheit. Immer wieder erlebten wir: »Denn wo zwei oder drei in meinem Namen versammelt sind, da bin ich in ihrer Mitte« (Matthäus 18,20).

Bereichernde Erfahrungen

Es gibt eine große Anzahl von guten Erfahrungen aus diesen Jahrzehnten, auch von geradezu begeisternden Erfahrungen: Zeiten, wo mich die Liebe Gottes wirklich körperlich durchströmte, wo ich beobachten konnte, wie das Leben anderer verwandelt wurde, wo ich selbst tiefe Heilung erfuhr, ganz zu schweigen von den zahlreichen Gebetserhörungen und überraschenden Segnungen Gottes.

1987 plagten mich plötzlich starke Schmerzen im rechten Knie, genau an dem Abend, bevor unser Umzug anstand und ich dringend gebraucht wurde. Meine Frau betete für mich, mein Knie wurde ganz heiß und mit einem Schlag waren die Schmerzen verschwunden.

Anfang der 1980er-Jahre musste ich zweimal jährlich einen Zeitplan für etwa zwanzig Sitzungen erstellen, an denen Mitarbeiter aus ganz verschiedenen Abteilungen und Hierarchien beteiligt waren, die auch unterschiedliche Arbeitszeiten hatten. Meine Routine dafür war, dass der erste Entwurf des Plans hinausging und mit vielen Änderungswünschen wieder zu mir zurückkam. Die zweite, korrigierte Fassung hatte schon etwas weniger Anmerkungen, die ich noch einarbeitete, bevor ich dann den endgültigen Plan ausgab. Ergebnis dieser positiven Routine war, dass schlussendlich einige Sitzungen ausfallen mussten und immer wieder einmal jemand fehlte. Alle hatten sich aber schon an dieses Prozedere gewöhnt und es war im Prinzip für den laufenden Betrieb nicht hinderlich. Als ich wieder einmal an dieser Planung saß, kam mir der Gedanke, Gott zu bitten, mir sofort den perfekten Plan zu schenken. Ich gab dann meinen ersten Entwurf gleich als endgültigen Plan an alle aus. Und das Wunder geschah: Keine Sitzung fiel aus und nur bei einer einzigen kam einmal jemand etwas zu spät, sonst waren immer alle Eingeladenen anwesend! (Ich muss gestehen, dass dies ein einmaliges Ereignis geblieben ist und ich danach wieder auf die alte Routine zurückgegriffen habe.)

Nicht alles läuft wie gewünscht
Heilung, Wachstum, Vergebung, Frucht bringen. Viele von uns waren wahrscheinlich in ihren ersten Glaubensjahren begeistert und

auch sehr überzeugt von sich und ihrer Gemeinde. Doch wahrscheinlich gab es für jeden Punkte, an denen es nicht ganz so glatt weiterlief.

Ich denke an dieser Stelle an meine Erweckungsträume. Eine Zeit lang glaubte ich fest, dass bald eine Erweckung in Deutschland ausbrechen würde. Schließlich hatte ich das ja an mir selbst erlebt, warum sollte das nicht auch bei anderen und bei vielen geschehen? Wie oft hörte ich, dass die Erweckung kurz bevorsteht!

Es kostete mich eine wirkliche Entscheidung, mich von diesen Träumen zu verabschieden. Nicht, dass ich mich nicht freue, wenn viele Menschen in unserem Land den lebendigen Gott und einen bereichernden Glauben entdecken, aber wenn dieses Thema heute an mich herangetragen wird, merke ich, dass es mich nicht mehr zu besonderen Anstrengungen motiviert.

So musste ich etwa nach sieben bis zwölf Jahren feststellen und zugeben, dass manches von dem nicht eingetreten ist, was ich erhofft hatte oder was mir versprochen worden war. Fehler bei anderen, vor allem bei denen, die Vorbilder waren, begannen mich zu stören. Auch ich hatte andere enttäuscht oder verletzt und wurde von Menschen enttäuscht, in die ich Hoffnungen gesetzt hatte. Dazu kamen alte Interessen oder Gewohnheiten zurück, von denen ich dachte, dass ich ihnen schon längst abgestorben war, und ich musste mich erneut mit ihnen auseinandersetzen.

Fernsehen war bei uns zum Beispiel zunächst tabu. Es gab so viel im Glaubensleben zu entdecken! Warum sollte ich mich mit niveaulosen Sendungen ablenken? Das hatte ich auch anderen so erklärt. Die Tagesschau oder eine Reportage war ja gerade noch okay, aber ein Spielfilm oder die Sportschau?

Handballspielen war von meiner Jugend bis zu meiner Bekehrung meine sinngebende Beschäftigung gewesen. Es war mir nicht schwergefallen, das aufzugeben. Am Sonntagvormittag hatte ich jetzt etwas Besseres vor und einige halbfaule Tricks, die ich mir angewöhnt hatte, wollte ich als Christ natürlich nicht mehr einsetzen. Ich vermisste nichts.

Als ich nach einiger Zeit spürte, wie mein Körper einzurosten begann, kam die Frage: Sollte ich wieder einen Ball in die Hand nehmen, doch nur mal so, in der Reservemannschaft?

Frage oder Versuchung? Ich kann mich noch gut erinnern, wie ich »ins Gebet ging« und völlig überrascht von der Antwort war, die mir plötzlich vor Augen stand: »Ja, gern, mein Kind, warum denn nicht? Du hast doch gelernt, was zu unterlassen ist und was nicht.« Wie viel Liebe verspürte ich in diesem Ja! (Aus anderen Gründen habe ich mir dann trotzdem auf andere Weise Bewegung verschafft.)

Bei allem Wachstum existieren die drei unfruchtbaren Ackerböden in mehr oder weniger großen Restbeständen auch im Leben eines fruchtbaren Christen: das mangelhafte Verstehen des Wortes Gottes, unsere Unbeständigkeit, die bei Schwierigkeiten aufgibt, und die Sorgen dieser Welt und Verführungen des Reichtums. Diese unfruchtbaren Böden können ein Grund dafür sein, dass manche mit der Zeit in eine Glaubensroutine geraten, die mehr nach Pflichterfüllung oder Durchhalteparolen schmeckt als nach Begeisterung, oder dass sie sich aus dem Gemeindealltag zurückziehen, vielleicht sogar zum Glauben auf Distanz gehen. Ich selbst möchte mich immer wieder an die Basisarbeit machen und immer mehr ein fruchtbarer Ackerboden werden und bleiben.[6]

> Ich selbst möchte mich immer wieder an die Basisarbeit machen und immer mehr ein fruchtbarer Ackerboden werden und bleiben.

Ein Baum, gepflanzt an Wasserbächen

Glücklich zu preisen ist, wer nicht dem Rat gottloser Menschen folgt, wer nicht denselben Weg geht wie jene, die Gott ablehnen, wer keinen Umgang mit den Spöttern pflegt. Glücklich zu preisen ist, wer Verlangen hat nach dem Gesetz des Herrn und darüber nachdenkt Tag und Nacht. Er gleicht einem Baum, der zwischen Wasserläufen gepflanzt wurde: zur Erntezeit trägt er Früchte, und seine Blätter verwelken nicht. Was ein solcher Mensch unternimmt, das gelingt.

Psalm 1,1-3

Wie liebe und liebte ich diesen Vergleich, das Bild von einem Baum, der Frucht bringt und dessen Blätter nicht verwelken. Einem Menschen, der so lebt, gelingt alles, was er tut, sagt der erste Psalm. So einer wollte ich sein und bleiben, die Voraussetzungen wollte ich erfüllen, nachsinnen über Gottes Weisungen bei Tag und bei Nacht, also immer!

Ich glaube, dieser Wunsch, ein fruchtbares Leben zu führen, hat mich mein Leben lang begleitet und begleitet wohl die meisten Menschen. Wie oft hat das betende Betrachten dieses Psalms mir Kraft gegeben, den Himmel wieder aufgerissen oder mir Frieden geschenkt!

Im ersten Jahrzehnt meines Lebens als Christ hat mich dabei vor allem Folgendes angesprochen:

- Gepflanzt zwischen Wasserläufen: Da fließt mir etwas zu, da wird mir etwas geschenkt, Kraft wird mir erschlossen.
- Ein Baum hat Wurzeln: Ich bin verwurzelt, habe Standfestigkeit.
- Er trägt Früchte: Ich wollte mit meinem Leben etwas bewirken.
- Seine Blätter verwelken nicht: Ausdauer, Langzeitperspektive sind möglich, Pausen überflüssig.
- Was ein solcher Mensch unternimmt, das gelingt: Erfolg, endlich keine schlechten Noten mehr, ich werde wahrgenommen.

All das möchte ich heute in keiner Weise gering schätzen, auch wenn mir eine Ichzentriertheit meiner damaligen Erwartungshaltung auffällt und dass ich einige Passagen ausgeblendet habe, die mir heute viel wichtiger erscheinen. Zum Beispiel heißt es, dass er »zur Erntezeit« die Frucht hervorbringt oder bei Luther »zu seiner Zeit«. Über all die Jahre konnte ich bei mir eine Fehleinschätzung des Tempos, der Zeitdauer feststellen: Ich habe immer alles viel schneller erwartet, als es dann gekommen ist, ob es die Frucht von Diensten war oder Gebetserhörungen.

Ich habe erlebt, dass mir wirklich etwas zufließt, aber heute interessieren mich mehr die Wasserbäche als diese Kraft. Von Gott, dem Geber aller guten Gaben, von ihm fließt mir etwas zu und ihm gebührt dafür die Aufmerksamkeit und Ehre.

Reiche Früchte habe ich erlebt, aber heute interessieren mich mehr die unsichtbaren Früchte als die weithin sichtbaren. Ich glaube, dass diese viel mehr und wahrscheinlich bedeutender sind als die, die mir aufgefallen sind.

Das war Springtime, Frühlingszeit. Ich möchte sie nicht missen, diese Anfangsjahre! Aber ich bin heute gern ein anderer Christ. Das darf sein. Das wird sein. Was gleich geblieben ist, ist die Sehnsucht, tiefer und näher mit Jesus verbunden zu sein.

Es ist dieselbe Sehnsucht, aber es sind neue Lebensabschnitte, Fragen und Formen. Das ist normal. Und das voneinander zu hören, kann erst einmal entspannend sein: Ich bin nicht der Einzige, dem es so geht.

Wie ist es bei Ihnen? Was ist alles in Ihrem Koffer?

Am Ende der einzelnen Wegabschnitte lade ich zum Gebet ein mit einem Impuls, der für mich typisch für den jeweiligen Abschnitt ist.

Gebetsimpuls: Gehalten

Nehmen Sie in Ruhe zum Gebet Platz.
Legen Sie die Hände übereinander, sodass die linke Hand unten liegt und die rechte Hand darüber locker eine Höhle bildet.

In diesen beiden Händen sind Sie geborgen.

Gottes linke Hand hält Sie, trägt Sie.

Sinnen Sie bitte darüber nach, was es bedeutet, so gehalten zu sein.

In Gottes linker Hand werden Sie auch durchs Leben geführt, während sie so gehalten werden.

Und die rechte Hand?

Diese schützt Sie, gibt Ihnen Geborgenheit,

segnet Sie,

segnet, was Sie tun.

Gott ist mit Ihnen.

Bergen Sie sich in Gottes Händen.

Sagen Sie ihm, was Sie jetzt bewegt.

Zweiter Wegabschnitt: Der vibrierende Alltag

Beim Rückblick auf meinen Glaubensweg entdeckte ich einen zweiten Wegabschnitt, den ich mit einer Fahrt durch die Stadt verglichen habe. Da ging es nicht so euphorisch zu wie im Frühling. Der Gemeindealltag trat in seiner zeitlichen, vielleicht auch in seiner inneren Bedeutung für mich zurück, das Vibrieren des Alltags holte mich ein. Das Leben und damit auch die Glaubensschritte spielten sich weniger in der Gemeinde ab, sondern vor allem zu Hause oder am Arbeitsplatz.

Ging es im ersten Wegabschnitt insgesamt im Glauben aufwärts, wenn auch nicht immer geradlinig und ständig, so schien dieser nächste Abschnitt eher waagrecht zu verlaufen oder höchstens leicht ansteigend. Bei mir dauerte er ebenfalls etwa sieben bis zwölf Jahre.

Auf den ersten Blick, beeindruckt vom ersten Abschnitt, erlebt man diese Phase beinahe als Stillstand. Ein Gefühl von Stagnation und Enttäuschung kann sich breitmachen, man sieht nicht, wie es weitergehen könnte.

Für eine direkt sichtbare geistliche Entwicklung mag dieses Gefühl durchaus zutreffend sein, denn in diesem Lebensabschnitt unseres Glaubens fordern uns die sogenannten menschlichen Hausaufgaben. Doch auch wenn sie »menschlich« sind, besitzen sie eine geistliche Bedeutung und sind eine wichtige Herausforderung, um als Christ zu wachsen.

Meine provokative Behauptung ist: Wenn wir diesen menschlichen Hausaufgaben ausweichen, wird es keine geistliche Weiterentwicklung geben.

Um was geht es?

Es kommt grundsätzlich darauf an, dass wir uns den Herausforderungen des Lebens stellen, wie zum Beispiel der beruflichen Weiterentwicklung, dem Umgang mit den alt gewordenen Eltern oder der Partnerschaft. Wir müssen die damit verbundenen nötigen sozialen Kompetenzen nicht unbedingt hundertprozentig erwerben, aber sie doch erlernen, uns also auf selbstgesteuerte Veränderungs- und soziale Lernprozesse einlassen. Diese Lernprozesse liefern wiederum die Voraussetzung, um auch in unserer Beziehung zu Gott und zu unserem Nächsten zu wachsen.

Mit anderen Worten, in einem ständigen »geistlichen Höhenflug« werden wir nicht dauerhaft reifen und Christus ähnlicher werden.

Das Entwicklungsmodell des Religionsphilosophen Romano Guardini[7] spricht von sieben menschlichen Lebensabschnitten: die Zeit im Mutterschoß, die Kindheit, der junge Mensch, der mündige Mensch, der ernüchterte Mensch, der weise Mensch und der senile Mensch. Im Zusammenhang mit dem zweiten Wegabschnitt interessieren mich vor allem die Abschnitte des mündigen und des ernüchterten Menschen, zwei sehr zutreffende Bezeichnungen.

Die provokative Behauptung ist, wenn wir diesen menschlichen Hausaufgaben ausweichen, wird es keine geistliche Weiterentwicklung geben.

Mündig

Während der junge Mensch zwischen 18 und 30 noch von seinen Träumen und Entwürfen lebt, muss sich der Mensch im nächsten Lebensabschnitt den Widerständen und der Realität der Tatsachen stellen, seine Ideen, seine Träume und Pläne daran messen. Es ist auch die Zeit, in der sich die berufliche und familiäre Situation klären sollte.

In dieser Zeit muss er lernen, Entscheidungen mit Risiken zu treffen, sich und anderen Grenzen zu setzen, ohne dass daran Beziehungen und Pläne zerbrechen, und mit anderen Meinungen und Kritik produktiv umzugehen. Kritik sollte man nicht abwehren, ausweichen oder mit Gegenkritik begegnen, sondern man sollte sie nutzen. So wird man ein mündiger Mensch und das ist die Grundlage dafür, ein mündiger Christ zu werden.

Wir waren Anfang der Neunziger gut mit unseren sechs Kindern, der Gemeindearbeit und den wachsenden Aktivitäten an der IGNIS-Akademie beschäftigt. Doch irgendwann kippte die Situation für meine Frau. Sie merkte, dass sie mir nicht mehr begeistert zuhören konnte, wenn ich von tollen Erfahrungen und wichtigen Projekten erzählte, sondern nur dachte: »Wann hört er endlich auf? Wann fragt er endlich, was zu Hause los war? Wann deckt er endlich den Tisch mit ab?«

Diese Unzufriedenheit wurde immer größer, bestätigte sich natürlich mit jedem kritischen Warten, wurde ergänzt durch weitere negative Eindrücke – meine schrecklichen Tischmanieren, die schlampige Haltung ...

Gott sei Dank waren wir schon so weit mündig geworden, uns – nach und mit Gebet – auch darüber auszutauschen und die Situation ernst zu nehmen, Prioritäten neu zu ordnen. Eine Folge war, dass ich versuchte, nicht mehr als zwei Wochenenden im Monat im Reisedienst unterwegs zu sein. Ich schaffte die Sonntagspredigtdienste im Reisedienst ab, um am Sonnabend noch nach Hause zu kommen. Außerdem hielt ich mir den Montag nach Möglichkeit frei.

Ernüchtert

Der ernüchterte Mensch der sich daran anschließenden Lebensphase stellt sich der Herausforderung, die Begrenzungen, die eigenen und die von anderen, immer mehr anzunehmen und damit liebevoll umzugehen. Diese Begrenzungen – Begrenzungen an ausgebildeten Fähigkeiten, an Zeit, an Finanzen – enttäuschen nicht mehr, sie gehören zum Leben dazu.

Die Hausaufgabe lautet hier, zu lernen, mit dem eigenen und dem fremden Versagen aufgrund der Begrenzung gnädig umzugehen, auf dieser Basis vertiefte Beziehungen zu gestalten und zu kooperieren.

Auch unter Kollegen gibt es Ernüchterung. Seit über zwanzig Jahren arbeiteten wir nun zusammen, hatten uns fast jeden Tag gesehen. Da kann man sich kaum noch voreinander verstecken. Das ernüchtert. Trotz der gemeinsamen Begeisterung für das Anliegen der IGNIS-Akademie, eine Christliche Psychologie zu entwickeln und in den Gemeinden qualifizierte Seelsorge und christliche Beratung zu verbreiten, führten die individuellen Unterschiede zu Unstimmigkeiten im Alltag. Der Alltag vibrierte.

Der ernüchterte Mensch will sich den Herausforderungen der Begrenzungen des Einzelnen stellen und ist gnädig, so wie Gott mit uns gnädig ist. Zu den menschlichen Hausaufgaben gehört es auch, die nonverbalen Botschaften ernst zu nehmen. Im ersten Abschnitt, der Frühlingszeit, hätten wir wahrscheinlich versucht, den anderen zu ändern, vielleicht sogar durch ein vernünftiges Kritikgespräch – wobei das auch für die meisten von uns erst zu erlernen war – und natürlich durch Gebet.

Aber wäre es uns damals gelungen, die Enttäuschung darüber zu verbergen, wie sich mein Bruder oder meine Schwester verhält? Und wenn sich dann mit der Zeit keine Änderung eingestellt hätte, hätte die Gefahr der Entfremdung bis zur Trennung bestanden.

Aber das Vollkommene wird erst noch kommen. Wir dürfen die menschliche Hausaufgabe lernen, die Unvollkommenheiten des anderen anzunehmen, und darauf vertrauen, dass dies auch mit den eigenen geschieht.

Wenn wir einander loslassen im Vertrauen auf die verändernde Kraft Gottes, der beim anderen vielleicht ganz andere Veränderungsschwerpunkte sieht als wir, dann kann Christus in uns zunehmen.

»Das hätten wir früher wissen müssen«

Wenn ich in Vorträgen oder bei Seminaren über diesen zweiten Wegabschnitt gesprochen habe, bin ich auf breite Resonanz gestoßen, weil ich ihn als geistlich bedeutsam eingestuft habe. Häufig bekam ich zu hören: »Das hätten wir früher wissen müssen, dass das Gottes Schule ist und wir nicht lau geworden sind.« Viele hatten in dieser Phase mit einem schlechten Gewissen zu kämpfen, weil die Begeisterung des ersten Wegeabschnitts nachgelassen hatte. (Pastoren und Gemeindeverantwortliche möchte ich hiervon ausnehmen. Sie haben einen anderen Bezug zum Gemeindealltag, für manche ist es das Hauptbetätigungsfeld.) Der vibrierende Alltag forderte viel Zeit, aber er war nicht im-

> Kinder, Berufstätigkeit, Ehe, Fortbildungen, Hobbys usw. können auch Gottesdienst sein und sind wichtige Trainingsfelder für das Wichtigste in unserem Glauben, für die Liebe.

mer nur lästig oder das Erfüllen einer Verantwortung, sondern machte oft Spaß. Mancher bekam die eine oder andere kritische Bemerkung zu hören, wenn er nicht mehr so engagiert an gemeindlichen Aktionen teilnahm. Das Gewissen versuchte man damit zu beruhigen, dass man sich sagte: »Wenn wieder mehr Zeit ist, also nicht mehr so viel Arbeit ansteht oder die Kinder größer sind, dann kann ich mich wieder engagierter dem Glauben zuwenden.«

Welch ein Irrtum! Kinder, Berufstätigkeit, Ehe, Fortbildungen, Hobbys usw. können auch Gottesdienst sein und sind wichtige Trainingsfelder für das Wichtigste in unserem Glauben, die Liebe.

Verletze mich nicht, verlasse mich nicht

In diesem zweiten Wegabschnitt sollte auch eine grundsätzliche Aufgabe des Menschen weitgehend zum Abschluss kommen: die Fähigkeit, Nähe und Distanz in Beziehungen zu gestalten.

Hierzu ein Beispiel: Das Gespräch des jungen Pärchens neben mir im Bus verlief nach einem Muster. Da diskutierten sie, wie sie am besten für den Abend Getränke einkaufen könnten. Beide hatten ihre eigenen Erfahrungen, die sie einander entgegenhielten. Irgendwann gab der eine auf, der andere hatte die besseren – oder nur mehr – Argumente. Doch dann wechselte der »Sieger« die Richtung und versuchte, auf den anderen einzugehen, auch einige seiner Argumente ernst zu nehmen, ihn also wieder ins Boot zu holen. Nachdem die Getränke so abgehandelt waren, ging es in gleicher Art um die Geschenke zum Mitbringen.

Das Muster kam mir sehr bekannt vor. Es spiegelt ein wichtiges Thema und eine der wichtigsten Hausaufgaben wider: die Spannung zwischen Verbundenheit und Selbstständigkeit zu lösen. Aus christlich-psychologischer Sicht ist jeder Mensch eine eigenständige Person, die diese Eigenständigkeit wiederum nur in Beziehungen entwickeln und leben kann. Selbstständigkeit zu erlernen, ohne Beziehungen, das heißt Verbundenheit, zu verlieren, Verbundenheit zu erlernen, ohne Selbstständigkeit zu verlieren, das ist die lebenslange Aufgabe in konkreten Beziehungen.

Das Ganze hat einen Haken beziehungsweise zwei: Hinter beiden wichtigen Aufgaben lauern zwei Gefahren beziehungsweise Ängste: Bei zu viel Verbundenheit kann ich vereinnahmt, ja sogar missbraucht werden, bei zu viel Selbstständigkeit dagegen verlassen werden. Diese Angst könnte hinter dem Gesprächsmuster des Pärchens stecken: Der »Sieger« lenkt doch wieder ein, um den anderen nicht zu verärgern und zu verlieren.

Der jüdische Philosoph Emmanuel Levinas[8] schreibt, dass die tiefste Bitte, wenn ein Mensch sich dem anderen zeigt, diese ist: »Verlasse mich nicht – verletze mich nicht.« Ebenso hat der Schweizer Arzt Franz Rieman[9] diese beiden Grundängste beschrieben.

In meiner Arbeit mit beziehungsgestörten Kindern konnte ich beobachten, wie schnell die ersehnte Verbundenheit zu Bezugspersonen in Angst umkippte und in Verhaltensweisen, die nur eines signalisierten: »Komm mir nicht zu nahe!« Unmittelbar darauf folgte die Angst, isoliert zu werden, die wiederum zu Annäherungssignalen führte. Für die Bezugspersonen verwirrend, für die Betroffenen ein einziges Gefühlschaos. Kennen wir nicht Ähnliches, vielleicht in abgeschwächter Form, auch in unserem Alltag?

Darum ist es wichtig, uns auf andere einzulassen, Verbundenheit zu suchen, denn ohne sie können wir nicht leben. Aber auch Selbstständigkeit müssen wir suchen, denn ohne sie können wir ebenfalls nicht leben! Es ist notwendig, Risiken einzugehen und die Ängste zu überwinden, die anklopfen.

Die wenigsten unter uns haben von klein auf gelernt, Selbstständigkeit und Verbundenheit zu leben und darin angenommen und respektiert zu sein. Für die meisten ist es ein schwieriger, lebenslanger Lernprozess, dem wir uns gerade in der Lebensphase der Ernüchterung mit großer Deutlichkeit stellen müssen.

Da der christliche Glaube durch den Auftrag der Liebe vor allem beziehungsorientiert ist, können wir nicht in der Liebe zu Gott und zu den Menschen wachsen, wenn wir ständig in der Angst vor Isolation und Einsamkeit, der Angst, verlassen zu werden, und in der Angst vor Vereinnahmung und Abhängigkeit, der Angst, verletzt zu werden, leben und diese direkt oder indirekt unsere Entscheidungen bestimmen.

Geheimtipp Trösten
Warum bleiben uns manche Menschen positiv in Erinnerung, wie haben sie diesen Platz in unserem Herzen gefunden? Weil Sie uns getröstet haben! Menschen, die uns getröstet haben, vergessen wir nicht so leicht!

Trösten vermittelt erfahrungsgemäß:
- Ich bin in meiner Schwachheit nicht allein.
- Ich werde, obwohl ich schwach bin oder gerade weil ich schwach bin, nicht (weiter) verletzt oder verlassen.

Wann brauchen wir Trost? Die meisten würden sagen: »Wenn ich mir wehgetan habe, wenn ich leide oder Schmerzen habe.« Das ist richtig. Aber ich brauche auch Trost, wenn ich zum Beispiel wütend oder frustriert bin, also immer dort, wo ich nicht mehr normal »funktioniere«.

Trösten hat generell, ob bei Schmerzen oder bei Ärger, das Ziel der Stärkung und Wiedergewinnung der Ich-Funktionen, das heißt, ich möchte mich beruhigen, wieder Selbstkontrolle gewinnen, wieder zugänglich werden. Im alttestamentlichen Begriff für Trost steckt die Bedeutung »tief atmen«. Einmal durchatmen, um wieder einen klaren Kopf zu bekommen, könnten wir vielleicht sagen.

Trost kann nicht aufgezwungen werden. Im Neuen Testament steht für Trost das griechische Wort »parakletos«, mit der Bedeutung von »herbeirufen, einen anderen zu Hilfe rufen«. Daraus wird eines deutlich: Ich kann Trost nicht aufzwingen, er muss herbeigerufen oder zumindest angenommen werden.

Trösten kennt vier Herzensbotschaften:
- Ich möchte dich nicht verletzen. Ich bin für dich.
- Du musst dich nicht sofort beruhigen: Ich gebe deiner Trauer, deiner Wut, deinem Schmerz Raum.

- Ich halte dich, bleibe bei dir, bin dir Schutz, möchte dich stärken!
- Wenn du getröstet bist, lasse ich dich wieder los, gebe dich frei.

Und Gott? Das Neue Testament offenbart den Heiligen Geist selbst, der auch Parakletos genannt wird, als Tröster! Haben wir in unserem »Frühling« Gott, den Heiligen Geist, bewusst mit seiner Kraft, seinen Gaben herbeigerufen und uns betend nach seiner Frucht ausgestreckt, so lehrt uns der vibrierende Alltag, mit der Hilfe des Heiligen Geistes zu trösten und uns trösten zu lassen.

Beziehungskompetenz ist demnach gefragt, und zu dieser gehört auch, Interesse für andere entwickeln zu können, andere verstehen zu lernen, sie zu trösten und bereit zu sein, zu kooperieren. Basis dafür ist eine weitere Hausaufgabe, nämlich, unseren Umgang mit Gefühlen neu zu erlernen.

Schlechte oder unangenehme Gefühle?

Die meisten haben gelernt, dass es schlechte und gute Gefühle gibt. Tatsächlich aber gibt es zuallererst nur angenehme und unangenehme Gefühle, die beide gut oder schlecht sein können. Angenehme Gefühle hat Gott geschaffen, damit wir Freude erleben können, unangenehme Gefühle hat er als Signalgefühle geschaffen, als ein Zeichen, dass irgendetwas schiefläuft.

So sind zum Beispiel Ärger oder Eifersucht keine schlechten, sondern durchaus hilfreiche Gefühle, zwar unangenehm, aber sie werfen die Frage auf, ob etwas nicht stimmt. Verharren wir in diesen unangenehmen Gefühlen oder kommen sie unangemessen häufig und heftig auf, dann sind diese negativen Grundstimmungen und die dahinter liegenden Haltungen sicherlich nicht erwünscht, aber als Signale sind diese Gefühle durchaus sinnvoll und wünschenswert.

Umgekehrt können auch sogenannte gute Gefühle wie Freude schlecht sein, zum Beispiel Schadenfreude oder die Freude am falschen Platz, wenn mehr Nachdenklichkeit angebracht wäre.

Die Fähigkeit, Nähe und Distanz zu anderen zu gestalten und unangenehme Gefühle als Signale zu verarbeiten, ist Bestandteil auch der folgenden wichtigen Hausaufgaben und Lernfelder:
- eigene Entscheidungen mit Risiken treffen können
- mit den eigenen Bedürfnissen umgehen können
- anderen Grenzen setzen
- freiwillig verzichten lernen, damit mich nichts gefangen nehmen kann
- Kritik produktiv verwerten
- meine Zeit gestalten und nicht von ihr beherrscht werden
- lernen, mit den Begrenzungen, die jeder besitzt, gnädig umzugehen
- ein Gebender werden
- Interesse am anderen haben

Man könnte auch noch Weiteres hinzufügen oder manches anders benennen. Wenn ich diese Liste von menschlichen Hausaufgaben aufzähle, dann wird deutlich, dass dieser Lernprozess viel Zeit braucht, und zwar Jahre. Deshalb ist dieser zweite Abschnitt in unserem Glaubensleben durchaus nicht Stagnation oder Zeitverlust. Meiner Erfahrung nach hat Gott diesen Abschnitt dafür reserviert, uns in eine Lebensschule zu nehmen.

Lebensschule = Heilungszeit
Ich habe schon erwähnt, dass ich mich zu Beginn meines Glaubenslebens als sozial ängstlich, unsicher und konfliktunfähig erlebt habe. Zwei Hausaufgaben stellten sich deshalb nach etwa zehn Jahren Glaubensleben: Ich musste lernen, mit der Kritik von anderen umzugehen und Nein zu sagen.

Für das Erste habe ich schon einiges dazugelernt. Beim Letzteren bin ich froh, nicht nur ein schützendes, sondern sogar ein verbindendes Nein kennengelernt zu haben.[10] So rechne ich mich nicht mehr zu den rund 80 Prozent der Deutschen, die laut einer Emnid-Umfrage 2012 zu oft Ja sagen und sich danach darüber ärgern.[11]

Wenn ich diese Lebensschule nicht angenommen hätte, mit Enttäuschungen, mit Schmerzen, mit Hinfallen und Wiederaufstehen und mit vielen, vielen Gebeten, dann könnte ich vieles von dem, was ich heute gern tue, nicht tun. Wie viel habe ich durch erledigte Hausaufgaben gelernt, wie viel Vertrauen ist dadurch gewachsen!

Ich erinnere mich noch, dass eine Lebenswende eintrat, als ich mich entschieden hatte, dass an jeder Kritik eines anderen an mir immer etwas Wahres ist, ein Goldkörnchen, das ich mir nicht entgehen lassen will, auch wenn wirklich manches an der Kritik nicht stimmt. Ich wollte lernen, immer zunächst einmal zuzuhören und zu verstehen, was der andere mir sagen will, und mich nicht gleich zu verteidigen oder zum Gegenangriff überzugehen. Sich Kritik zu stellen, selbst wenn sie offensichtlich übertrieben ist – denn wer hat schon gelernt, hilfreich zu kritisieren und seine eigenen Ängste dabei im Zaum zu halten? –, und das Goldkörnchen Wahrheit herauszufischen, lohnt sich. Das heißt aber nicht, dass ich zuhöre, wenn mich jemand offensichtlich einfach nur niedermachen möchte. Hier muss ich gesunde Grenzen setzen.

> Wie viel habe ich durch erledigte Hausaufgaben gelernt, wie viel Vertrauen ist dadurch gewachsen!

Für so einen Umgang mit Kritik hatte ich in meiner Kindheit und Jugendzeit wenig positive Vorbilder und daher auch nicht viele Lernmöglichkeiten. Doch die Wahrheit macht frei und ich machte mich auf den harten Weg, mir diese Goldkörnchen Wahrheit nicht entgehen zu lassen. Die Versuchung, Kritik einfach als falsch abzutun, meldete sich immer wieder, aber ich hielt ihr entgegen: Es gibt immer ein Körnchen Wahrheit, denn kein Kritiker erfindet alles.

Ein positiver Nebeneffekt: In all den Jahren bin ich nicht nur stolzer Goldkörnchenbesitzer, sondern vor allem reicher an Beziehungen geworden.

Mein Ja zu mir
Ich hatte in meiner Jugend kein gutes Selbstbild. Positives über mich aus der Zeit zu hören, überrascht mich heute noch.

War in den 1980er-Jahren die Selbstliebe unter Christen noch sehr umstritten, so ist die jüngere Generation mit einer Selbstverständlichkeit in dieser Beziehung herangewachsen. Wer hat nicht schon Sätze wie die folgenden gehört: »Du musst dich selbst mehr lieben!«, »Wer sich selbst nicht liebt, wie kann der andere lieben?«, »Liebe dich zuerst selbst.«

Doch: Hilft uns das? Theologisch ist für mich eindeutig: Es gibt kein Gebot der Selbstliebe, das aus dem Doppelgebot der Gottes- und Nächstenliebe (Matthäus 22,35-39) abgeleitet werden kann. Die angesprochene Selbstliebe wird als selbstverständlicher Maßstab vorausgesetzt, aber nicht geboten, ich verstehe die Formulierung im Sinne von: »Liebe deinen Nächsten mindestens so, wie du dich selbst schon liebst.«

Auch wenn man sich die Mühe macht, Liebe genau zu definieren, sodass die Gefahr der narzisstischen (Selbstverliebtheit) und egoistischen Liebe ausgeschlossen wird, scheint mir Liebe in Bezug auf sich selbst nicht etwas, was ich bewusst erstreben soll und kann. Auch der moderne Begriff »Mit sich selbst befreundet sein« lässt etwas Entscheidendes vermissen: Liebe braucht den anderen.

Vier andere Begriffe scheinen mir hilfreicher als Selbstliebe: Selbstannahme, Selbstachtung, Selbstbeachtung und Selbstwirksamkeit.

Selbstannahme beginnt damit, dass andere mich annehmen, so wie ich bin, Gott, meine Eltern, Ehepartner oder Freunde, und dass ich ihnen das glaube. Ich darf so sein.

Selbstachtung fängt damit an, dass ich erlebe, dass ich beachtet und geachtet werde, der andere fragt zum Beispiel nach meiner Meinung und nimmt meinen Beitrag ernst.

Selbstbeachtung bedeutet, zu lernen, wo meine Grenzen sind, an Kraft, an zumutbarer Nähe, an Fähigkeiten, weil nur dann nicht Angst und Überforderung meine Beziehungen und mein Handeln bestimmen. Ich muss bemerken, wie es mir geht, was mich stört und was mich freut.

Selbstwirksamkeit ist das Vertrauen darauf, etwas bewirken zu können.

Gott selbst nimmt mich an, achtet mich und beachtet mich und traut mir zu, dass ich Frucht bringe, etwas bewirke. Warum sollte ich das nicht auch tun?

Wenn ich mich selbst ablehne, mich selbst missachte und mich selbst nicht beachte, werde ich nicht in der Christusähnlichkeit wachsen. Wenn ich eine gesunde Einstellung zu mir selbst habe, dann bin ich auch frei, den Nächsten zu lieben.

Unsere Fragestellung ist übrigens kein neues Thema. So schrieb Bernhard von Clairvaux (1090-1153) an Papst Eugen III., der früher als Mönch in seinem Kloster gelebt hatte:

> Ja, wer mit sich selbst schlecht umgeht, wem kann der gut sein? Denk also daran: Gönne dich dir selbst. Ich sage nicht: Tu das immer, ich sage nicht: Tu das oft, aber ich sage: Tu es immer wieder einmal. Sei wie für alle anderen auch für dich selbst da, oder jedenfalls sei es nach allen anderen.[12]

Ich kann Bernhard von Clairvaux voll zustimmen. Gut für sich sorgen und immer wieder einmal sich selbst beachten, ist wichtig. Nicht ständig, aber ab und zu. Wie fit ich bin, was ich gern tue, wer mir guttut, was gelungen ist. Und dann kann ich feiern und dafür danken.

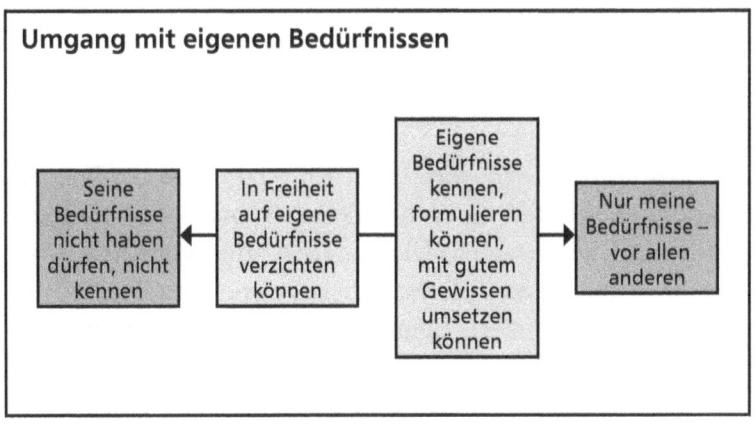

Umgang mit eigenen Bedürfnissen

Seine Bedürfnisse nicht haben dürfen, nicht kennen ← In Freiheit auf eigene Bedürfnisse verzichten können ← Eigene Bedürfnisse kennen, formulieren können, mit gutem Gewissen umsetzen können → Nur meine Bedürfnisse – vor allen anderen

Eigene Bedürfnisse?

Aufgrund des Gebots, den Nächsten zu lieben, und der Aufforderung Jesu, sich selbst zu verleugnen, stehen Christen in der Gefahr, die eigenen Bedürfnisse ganz zu verdrängen. Sie halten dies für erforderlich und verstehen es als das Sterben des sündigen, alten Menschen.

Die folgende Klärung halte ich deshalb für hilfreich: Es gibt »grüne« Bereiche der gesunden und durchaus wichtigen Wahrnehmung unserer Bedürfnisse und es gibt »rote« Bereiche, die ungesund, übertrieben, lieblos sind.

Was schädlich ist für mich und meine Umwelt sind die beiden Übertreibungen: wenn ich meine Bedürfnisse nicht haben darf, was auch heißen könnte, dass ich sie überhaupt nicht kenne oder wahrnehme, oder nur meine Bedürfnisse zählen lasse, meine Bedürfnisse über alles andere stelle.

Jeder Mensch hat Bedürfnisse, darf sie haben, sollte sie kennen und zeigen. Erst dann kann er die Entscheidung treffen, sie zu leben oder darauf zu verzichten. Beides gehört zu einem Leben in gesunden Beziehungen, Bedürfnisse frei zeigen und leben oder darauf verzichten, wie es in die Situation passt, wie es anderen und mir dient, wie es möglich ist.

Unsere Bedürfnisse sind vielfältig, wie viel Salz ich in der Suppe haben möchte, die Sehnsucht nach einem Kuss, ob ich mit dem Auto oder mit dem Fahrrad fahren will, ob ich ruhebedürftig bin oder gerade nicht. Wenn ich meine Bedürfnisse nicht kenne oder sie nicht zeigen und leben kann, dann kann ich nicht wirklich darauf verzichten.

Zu den Bedürfnissen eines Menschen gehört auch der Wunsch, Spuren zu hinterlassen. Etwas bewirken zu können, sich erfolgreich Ziele zu setzen, kurz: zu handeln, das gehört zum Menschen, so wie Gott ihn geschaffen hat. Selbstwirksamkeit ist ein guter Begriff dafür.

Teil der gesunden Entwicklung des Kindes ist etwa ab dem dritten Lebensjahr die Aufgabe, selbst die Initiative zu ergreifen und die Erfahrung zu machen, dass es etwas bewirken kann. »Selbstwirksamkeit« meint hierbei, dass wir lernen, uns selbst als Ursache von Wirkungen zu erleben: »Wenn ich den Baustein wegziehe, bringe ich den Turm zum Einstürzen.« »Wenn ich bunte Bilder male, mache ich meinen Eltern eine Freude.«

Natürlich beginnt damit verstärkt auch die Phase des Misserfolgs und des Misslingens. Ich kann zwar etwas bewirken, aber nicht immer gelingt es so, wie ich mir das vorgestellt habe. Damit umgehen zu lernen, ist eine wichtige Fähigkeit und eine weitere Hausaufgabe. Misserfolgskompetenz heißt, dass ein Mensch in der Lage ist, Misserfolge fruchtbar auszuwerten und dadurch zu nutzen, statt sie verzweifelt zu vermeiden.

Wie viel habe ich durch solche und andere Hausaufgaben gelernt, wie viel Vertrauen zum Leben und zu anderen ist dadurch gewachsen!

Ganz Gottes Kind und ganz Mensch

Im zweiten Wegabschnitt, dem vibrierenden Alltag, ist eine spirituelle Gnade versteckt. Die Gnade des ersten Abschnitts ist, dass die Sehnsucht, zu Gott zu gehören, zur guten Gewohnheit wird, wie das tägliche Gebet oder die Bereitschaft, Schuld zuzugeben. Diese und andere Aufgaben sind uns nicht unbekannt, wir können jeden Sonntag im Gottesdienst hören, welche Ziele die Nachfolge beinhaltet und aus welchen Kraftquellen wir schöpfen können. Es geht darum, seine ganze Kraft einzusetzen, um immer tiefer mit Gott verbunden zu werden, heiliger zu werden, den neuen Menschen in Christus anzuziehen mit seinen Werken.

Aber welche Gnade kommt im zweiten Abschnitt hinzu? Es ist die Gnade, die ganze Kraft dafür einzusetzen, ganz Mensch zu werden, ein normaler Mensch (so wie es in der jeweiligen Kultur bzw. Gesellschaft möglich ist), indem ich mich den altersgemäßen Entwicklungsaufgaben stelle und die sozialen Hausaufgaben anpacke. Auch Jesus war ganz Mensch.

Ich möchte dies anhand von ein paar Beispielen aus meinem Leben illustrieren.

Sport: Seit einigen Jahren habe ich mir angewöhnt, zu joggen. Für mich ist das ein Wunder, denn in meinen jungen Jahren war ich ein Sprinter. Mehr als zwei Runden im Stadion waren nicht drin. Und nun jogge ich über vierzig Jahre später und lerne meinen Körper von einer anderen Seite kennen. Ich bin auch mein Körper.

Zeitplanung: Seit ich Anfang der Neunzigerjahre einiges über Zeitplanung gelernt habe, speziell die sogenannte »ganzheitliche Zeitplanung«, habe ich mir angewöhnt, mir jeden Montagmorgen mindestens eine halbe bis eine Stunde Zeit zu nehmen, um meine neue Woche zu planen. Dabei geht es in keiner Weise nur um die Arbeit, sondern um jeden meiner Lebensbereiche. Mit anderen Worten, jede Woche setze ich mich in meinen kleinen Thronsessel neben dem großen Thron Gottes und bespreche mit ihm, was in dieser Woche anstehen könnte, für meine geistliche Entwicklung, für meine Frau, für die Kinder, für meine Gesundheit, für unseren Garten, natürlich auch für die verschiedenen beruflichen Aufgabenfelder, für Freunde und Verwandtschaft und für die Freizeit. Nach Jahrzehnten gehört dieser feste Termin zu den Segenspunkten in meinem vibrierenden Alltag. So gut wie nie habe ich das diffuse Gefühl, dass ich irgendwie nicht zum Wichtigsten komme, der wöchentliche Überblick hat mir immer Orientierung gegeben. Die »verbrauchte« halbe oder ganze Stunde habe ich in der Woche locker wieder zurückbekommen und noch mehr.

Widrigkeiten: 2008 war ich im Januar in Finnland unterwegs. Auf der Rückreise von einer Tagung im Norden kamen wir in einen Schneesturm. Wir waren müde, hatten noch eine Stunde zu fahren und jedes entgegenkommende Auto blendete uns. In meiner Müdigkeit befahl ich leise für mich dem Schneesturm, im Namen von Jesus zu weichen. Ich war erschrocken, als er sofort aufhörte, von hundert auf null sozusagen. Die anderen im Auto hatten mein Gebet nicht gehört und schauten etwas ungläubig, als ich ihnen davon erzählte.

Fremdsprachen: In der Schule war Englisch nicht gerade mein Lieblingsfach. Der Heilige Geist hat mich in den letzten Jahren sehr ermutigt, trotzdem Englisch zu sprechen, auch einige Gesprächspartner taten dies. Ich staune, was möglich ist, aber es ist mir auch bewusst, dass es ohne Lernen von Vokabeln und weiterem Üben nicht noch besser werden kann.

Statt Hierarchie: Jesus, der Herr, in der Mitte

Ich bin im ersten Glaubensjahrzehnt mit folgender Rangreihe geistlich groß geworden: An erster Stelle kommt Gott, dann die Gemeinde, dann die Familie, dann der Beruf und schließlich die Freizeit oder eine gesellschaftliche Verantwortung.

Gott
Gemeinde

Familie
Beruf

Gesellschaftliche Verantwortung
Freizeit

Für manche mögen Familie und Beruf auf gleicher Ebene liegen, andere mögen die gesellschaftliche Verantwortung höher einstufen und heutzutage rangiert die Freizeit vielleicht nicht mehr auf dem letzten Platz. Doch ich denke, dass es gar keine Hierarchie sein sollte. Ein anderes Bild halte ich für viel passender, nämlich einen Kreis (oder Kuchen) mit Jesus in der Mitte.

Diese neue Anordnung, dass Lebensbereiche, die vorher geistlich »unterbelichtet« waren oder als weniger geistlich bedeutsam betrachtet wurden, nun genauso zentral in unserer Gottesbeziehung sind, ist eine bedeutsame Frucht des zweiten Wegabschnitts. Jesus Christus war ganz Gott und ganz Mensch! Ihm sollen wir ähnlicher werden, ganz Mensch werden. Welch ein Abenteuer, ganz Mensch zu sein und ganz Gottes Kind!

Gebetsimpuls: Abstand gewinnen

Nehmen Sie einen Stuhl und stellen Sie ihn vor sich hin.

Legen Sie auf diesen Stuhl ab, was Sie heute vor allem beschäftigt: ein Problem, eine Aufgabe, eine Beziehung, ein Wunsch, ein Plan ...

Schauen Sie sich das eine Minute lang an.

Was geht Ihnen durch den Kopf, was fühlen Sie?

Jetzt treten Sie einen oder zwei Schritte zurück und schließen Sie die Augen. Betend versuchen Sie, sich die Liebe und Nähe Gottes zu vergegenwärtigen.

Sie nehmen sich hoffentlich wahr als verbunden mit dem liebenden und lebendigen Gott.

Öffnen Sie wieder die Augen, aber beten Sie weiter und bleiben Sie in dieser Entfernung stehen.

Schauen Sie sich den Stuhl an und das, was Sie daraufgelegt haben.

Achten Sie darauf, was Sie fühlen und was Sie in Bezug auf das Niedergelegte bewegt.

Spüren Sie nicht nur Gefühlen des Friedens und der Liebe nach, sondern auch Gefühlen, die sich auf das Abgelegte beziehen, auch neue oder kreative Gedanken dazu.

Merken Sie einen Unterschied, wenn Sie sich dem Alltag des Lebens einfach so nähern oder wenn Sie dies mit Gott verbunden tun?

Dritter Wegabschnitt: Die Weite Gottes

Nach Springtime und dem vibrierenden Alltag wagen wir uns auf das Meer, das Meer mit Ebbe und Flut, dem Tosen der Wellen, seinen Stürmen, seiner unergründlichen Tiefe und der stillen Weite.

Die Evangelien berichten von der Stillung eines Sturms. Markus schreibt dazu: »Jesus aber schlief im hinteren Teil des Bootes auf einem Kissen« (Markus 4,38). Während die Jünger gegen den Sturm um ihr Leben kämpften, schlief Jesus. Welch eine Provokation! Diese Erzählung hat mich immer herausgefordert.

Es gibt eine Ruhe mitten im Umtrieb des Frühlings und mitten im Lärm und dem Menschengewirr der Städte, wenn in allem Getöse der Himmel offen ist: die Weite im Sturm. Doch darum geht es in diesem Kapitel nicht, denn damit ist die Geschichte noch nicht zu Ende.

> Jesus stand auf, wies den Wind in seine Schranken und befahl dem See: »Schweig! Sei still!« Da legte sich der Wind, und es trat eine große Stille ein. »Warum habt ihr solche Angst?«, sagte Jesus zu seinen Jüngern. »Habt ihr immer noch keinen Glauben?«
>
> *Markus 4,39-40*

Es gibt einen Glauben, der kann ruhig schlafen mitten im Sturm.
Es gibt einen Glauben, der spricht: »Schweig. Verstumme.«
Es gibt einen Glauben, umgeben von einer großen Stille.
Der Himmel ist immer offen: die Weite Gottes.

Um diese Weite Gottes und darum, unseren Glauben entsprechend zu weiten, geht es im dritten Abschnitt des Lebens als Christ. Diese Weite ist das, was wir immer mehr gewinnen können, wenn unser Glaube in die Jahre kommt.

Die Präsenz Gottes

Auch wenn wir sie nicht mit unseren Sinnen wahrnehmen, können wir im Glauben die Gegenwart Gottes, seine Präsenz, schauen. Das ist eine andere Art des Sehens, es ist eine Gewissheit seiner Gegenwart, die nicht mit einem bloßen An-ihn-Denken verwechselt werden darf.

Ich bin mir der Präsenz Gottes heute wesentlich leichter und schneller bewusst als vor vierzig, vor zwanzig, vor zehn, ja vor fünf Jahren. Im Prinzip brauche ich keine Lobpreiszeit mehr, um irgendwie zu ihm zu kommen, mir seine Gegenwart im Glauben besser vorstellen zu können, nein, er ist schon da. Der Lobpreis gewinnt immer mehr seinen Sinn, ihn zu ehren. Ich brauche keinen besonderen Ort und keine bestimmte Zeit der Besinnung, um zu ihm zu kommen.

Zugegeben, mehr oder weniger oft benötige ich weiterhin auch eine Zeit des Lobpreises, der Stille, der Besinnung, geistliche gute Gewohnheiten oder Orte außerhalb des Alltags, um mich für Gott vorzubereiten und mich zu sammeln, aber trotzdem – er ist da! Wohin ich auch gehe, er ist bei mir. Was ich auch tue, er ist bei mir.

Das ist keine Angeberei, denn die meisten Christen werden mir zustimmen, dass Gott, der Drei-Eine, ja wirklich immer bei uns ist, nichts uns scheiden kann von seiner Liebe. An Gott liegt es also nicht, ob ich mir seiner Präsenz schneller bewusst werde. Ich möchte mit Gottes Präsenz leben, wo ich auch bin.

Die liebevolle Gegenwart Gottes

Eines Nachts, so gegen drei Uhr, wachte ich in den ersten Monaten meines neuen Lebens mit Jesus auf und war hellwach, frisch im Kopf, und mein ganzer Körper, mein ganzes Sein waren von Liebe durchglüht, seiner Liebe. An mehr kann ich mich nicht erinnern.

Das habe ich nur einmal erlebt in all den Jahrzehnten, ein einmaliges Geschenk. Gottes Gegenwart dagegen in anderer Weise körperlich zu spüren, ist mir zwar nicht alltäglich, aber doch viele Male widerfahren, mehr als ein Reden oder ein Zeichen, dass er da ist.

Als Psychologe ist mir klar, dass jedes Erlebnis eine gedeutete Erfahrung ist, die dann als Erzählung weitere Bearbeitungen erhält. Deshalb gilt für mich unbedingt: Erlebnisse sind eine Hilfe zum

Glauben, aber keine Beweise. Erlebnisse brauchen eine theologische Fundierung, aber theologische Wahrheiten vertiefen sich auch durch Erfahrungen.

Ich will Gottes Liebe glauben, egal, was ich erlebe, und dieses Vertrauen darf sich auf mein Denken und Fühlen auswirken als Freude, Frieden, Sich-angenommen-Wissen und Gelassenheit. Mich fallen lassen zu können in seine Geborgenheit und dann immer mehr seine Liebe zu erwidern, danach sehne ich mich, habe ich mich wahrscheinlich ein Leben lang gesehnt. Vor Augen steht mir dabei, Gott um seiner selbst willen immer mehr zu lieben, und nicht nur, weil seine Liebe mir etwas gibt.

Die milde und raue Seite Gottes

Allerdings, diese liebevolle Gegenwart Gottes besitzt eine Vorderseite und eine Rückseite, eine milde und eine raue Seite.

Gottes milde Seite können wir neben vielen anderen Beispielen in den Evangelien an der Art und Weise wahrnehmen, wie Jesus nach seinem Tod Maria von Magdala begegnet:

> »Maria!«, sagte Jesus. Da wandte sie sich um und rief: »Rabbuni!« (Das bedeutet »Meister«.)
>
> *Johannes 20,16*

Wie viel Zärtlichkeit schwingt in diesem einen Wort von Jesus mit, wenn ich mir das ganze Geschehen vorstelle! So spricht er auch meinen Namen immer wieder einmal aus!

Maria hatte ihn nicht erkannt, für den Gärtner gehalten und war an ihm vorbeigegangen, an dem, den sie so suchte! Da nannte er sie beim Namen: »Maria!«

»Werner!« In seinem Erbarmen wendet er sich mir so zu, wie er sich seinem zweifelnden Jünger Thomas zugewandt hat (Johannes 20,24-28) oder dem suchenden Zachäus, als er an dem Baum vorüberkam, hinaufschaute und rief: »Zachäus, komm schnell herunter! Ich muss heute in deinem Haus zu Gast sein« (Lukas 19,5). Diese milde Seite steht bei dem Bild, das wir von Jesus haben, oft im Vordergrund, das ist der Jesus, wie wir ihn Kindern gern vermitteln.

Doch die liebevolle Gegenwart Gottes hat auch eine raue Seite. Das sehen wir zum Beispiel daran, wie Jesus Petrus zurechtweist: »Geh weg von mir, Satan! Du willst mich zu Fall bringen. Was du denkst, kommt nicht von Gott, sondern ist menschlich!« (Matthäus 16,23). So barsch konfrontiert Jesus seinen Jünger, der ihn von seinem Leidensweg abbringen will.

Ein anderes Beispiel ist die eingangs erwähnte Stillung des Sturms. Jesus schläft, während seine Jünger ums Überleben kämpfen. Als sie ihn aufwecken, klingen seine Worte nicht sehr verständnisvoll. »Warum habt ihr solche Angst?«, fragt er. »Habt ihr immer noch keinen Glauben?« (Markus 4,40).

Auch ich habe seine raue Liebe schon erlebt.

Wenn ich ans Älterwerden denke, kann ich mir nicht vorstellen, einmal ein alter weiser Mann zu werden. Vielmehr steht mir vor Augen, je älter ich werde, immer mehr ein Kind zu werden, so wie es Jesus sagte: »Wenn ihr nicht wie die Kinder werdet ...« (Matthäus 18,3).

Als mich vor etwa zwei Jahren in einer Gebetszeit dieser Wunsch bewegte, war es mir, als wollte mich Gott daran erinnern, dass zum Kindsein auch gehört, verletzlich zu sein. Ich spürte, dass dies der Preis ist, den ich zu zahlen bereit sein muss, wenn ich im Alter unschuldig, verspielt und lebensfroh wie ein Kind leben will. Es kostete mich etwas, darin einzuwilligen.

Ein paar Tage später reisten wir zu einer unserer Töchter, um uns um die Enkelkinder zu kümmern. Am Nachmittag gingen wir mit ihnen auf den Spielplatz. Alle waren beschäftigt und ich stellte mich auf eine Kinderschaukel und begann wie ein Kind zu schaukeln, zumindest fühlte ich mich so. Doch plötzlich musste ich um die Balance kämpfen und dann machte es peng! Meine Achillessehne war gerissen. In diesem Moment wusste ich irgendwie, dass es die raue Liebe Gottes war, die das zugelassen hatte, um mir zu zeigen, dass er, Gott, mit mir ist. Er wird mit mir sein, auf dem Weg immer mehr wie ein Kind zu werden! Mit diesem Wissen waren die Bewältigung dieser Verletzung, die Rückreise, die Operation und der Krankenhausaufenthalt nicht so schlimm.

Hoffentlich habe ich Ihnen jetzt nicht zu viel zugemutet. Gottes raue Liebe anzunehmen ist kein Masochismus, nein, es ist Freude, weil Gott bestätigt, er wird meinen Weg, wie ein Kind zu werden, segnen, aber mich nicht in Watte betten.

Beide Seiten, die milde wie die raue, sind Liebe. Wohin ich auch gehe, in dieser Weise ist er bei mir. Was ich auch tue, er ist bei mir. Nicht der »liebe Gott«, der an einen Weihnachtsmann mit langem Bart erinnert, sondern der Herr!

Jesus ist da, er ist bei mir, er ist in meinem Herzen, nicht weil ich etwas Besonderes getan hätte, sondern einfach so. Er ist mir näher als irgendetwas oder irgendjemand anderes. Ich brauche keine langen Anlaufwege mehr. Ich berühre mein Herz, dort ist er. Ich öffne die Augen, der Raum, den ich sehe, ist erfüllt von seiner Herrlichkeit. Der Heilige Geist ist in mir ausgegossen, mein Leben ist erfüllt von diesem Stellvertreter von Jesus.

> Ich möchte Gott um seiner selbst willen immer mehr lieben und nicht nur, weil seine Liebe mir etwas gibt.

Das gibt mir eine neue Wertschätzung, spricht ein tiefes Ja zu mir ins Herz, ein Ja zu mir, so wie ich bin, zu meinen Schwächen und Begrenzungen und zu meinen Stärken und Gaben. Das spricht Mut und Stärke in mein Leben, es hilft mir, mich verändern zu wollen und verändern zu lassen auf dem Weg, ein Ebenbild Christi zu werden.

Ein Appetitanreger für mehr im Glauben

Der Theologe Emil Brunner[13] schrieb: »... den kühnsten Satz auszusprechen, der je in menschlicher Sprache ausgesprochen worden ist: ›Gott ist Liebe.‹«

Das Lebensthema, die Liebe! Ich werde später noch mehr darauf eingehen.

Wenn das Liebesgebot, Gott und seinen Nächsten zu lieben, das Höchste ist, dann ist die Liebe, diese Agape-Liebe, das Aufregendste, das Größte, das Faszinierendste, was es gibt, egal wie lange wir Christen sind!

Die folgende Grafik illustriert das.

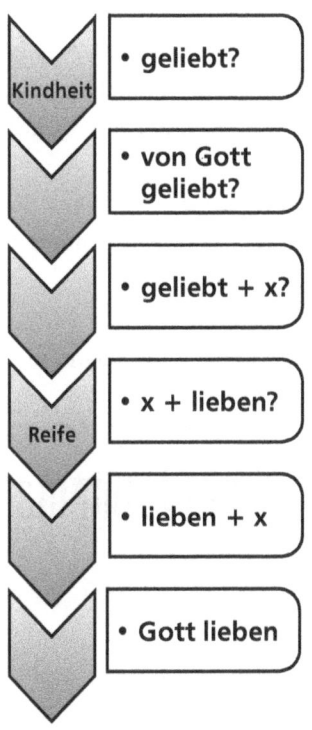

Geliebt?
Es ist Gottes Wille, dass wir als Kinder geliebt werden, vor allem durch die uns nahestehenden Personen wie unsere Eltern. Doch leider entspricht das für viele Kinder nicht der Realität. Innere Heilungsprozesse können durch Erfahrungen der Liebe Gottes einem möglichen Mangel unserer Kindheit begegnen.

Von Gott geliebt?
Irgendwann wird sich uns die Frage stellen, ob wir uns als von Gott geliebt begreifen wollen und ergreifen lassen.

Geliebt + x?
Diese Erfahrung der Liebe Gottes in Jesus Christus, die uns geschenkt ist, gratis, drückt sich in Handlungen (= x) für das Reich Gottes aus. »Was sollen wir tun?«, beschäftigt uns. Die Frage nach der Berufung, in welche Richtung wir gehen sollen.

x + lieben?
Im ersten und auch im zweiten Wegabschnitt stehen diese Handlungen mehr im Vordergrund und eine neue Frage stellt sich vorsichtig: Wie viel Liebe haben wir? Es soll ja nichts ohne Liebe geschehen. Deshalb haben all die Hausaufgaben im vibrierenden Alltag einen Sinn.

Lieben + x
Etwas vom Geheimnis von Gottes Weite zeigt sich im nächsten Schritt: Ist die Liebe nicht wichtiger als alles Tun? »Liebe und tu, was du willst«, hat Augustinus gesagt. Gemeint ist natürlich ein Tun, ohne bewusst zu sündigen. Um mit dem Bild vom Anfang zu sprechen: Die Liebe ist größer als jeder Sturm.

Gott lieben
Gott lieben. Alles andere soll zurücktreten. Die göttliche Weite der Liebe ist genug.

Die Liebe – die Liebe von Jesus und unser Lieben – ist die Quelle der Freude.

Gebetsimpuls: Gottes Blick suchen

Blaise Pascal sagte: Halt findet der Mensch nur im liebevollen Blick Gottes.

Gott schaut Sie permanent mit Wohlgefallen und Wohlwollen an. Auch jetzt.

Dieser Blick ist etwas ganz Intimes, wonach wir uns alle zutiefst sehnen.

Werden Sie still im Gebet und versuchen Sie, sich beschenken zu lassen, sich zu vergegenwärtigen, dass Gott Sie anschaut.

Er schaut Sie mit Wohlwollen an: »Ich will Gutes für dich.«

Er schaut Sie mit Wohlgefallen an: »Ich freue mich, wenn ich dich sehe.«

Vierter Wegabschnitt:
Unser Leben, ein Zwischenschritt

Vielleicht haben Sie sich schon gefragt, warum in der Grafik neben dem Kasten mit den drei Wegabschnitten unserer Glaubensentwicklung jeweils rechts und links ein Fragezeichen steht. Damit will ich andeuten, dass unser Leben darüber hinaus in ein größeres Ganzes eingebettet ist. Wenn man dieses Ganze betrachtet, ist es nur ein Zwischenschritt.

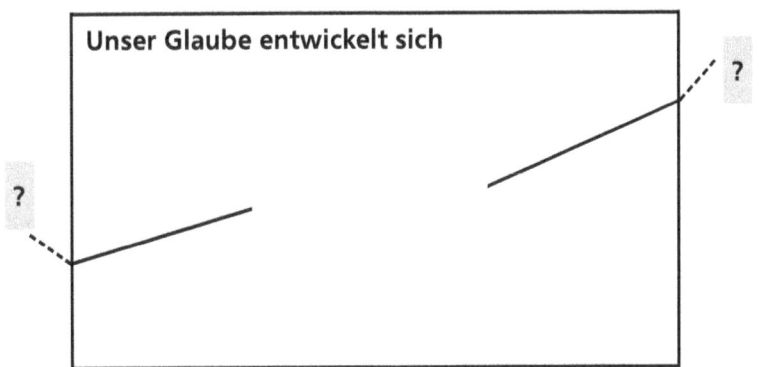

Zwischenschritt, zwischen was?

Ja, das Leben ist ein Zwischenschritt, nicht nur ein Anlauf für die Ewigkeit. Mein Leben kann nicht nur in der ewigen Gegenwart bei Gott enden bzw. weitergeführt werden, sondern mein Leben begann schon bei Gott, als ein Gedanke Gottes. Ich bin nicht nur das Ergebnis einer Samen- und einer Eizelle, die sich zufällig gefunden haben, sondern dahinter stand der Wunsch Gottes, dass es mich gibt.

Beides hält unser Leben: die Vorstellung, dass wir, bevor wir gezeugt wurden, schon im Herzen Gottes waren, und die Gewissheit des ewigen Lebens.

Dass jeder Mensch ein Gedanke Gottes ist, sollte mich mit Ehrfurcht vor jedem Menschen erfüllen. Wer ist der Mensch! Welch einzigartiges Geheimnis steckt in jedem Menschen!

Ich gestehe, dass das für mich bisher kaum mehr als Theorie ist, da gibt es noch einige Hausaufgaben zu machen. Auch der Glaube, dass ich ewig leben werde, erzeugt noch nicht so viel Vorfreude in mir, wie er es verdient hätte. Wahrscheinlich geht es mir zu gut. Die Gewissheit, dass ich sterben könnte, steht mir nicht täglich vor Augen, wie vielen Menschen in anderen Teilen dieser Welt oder unseren Vorfahren in den Jahrhunderten, als die medizinische Versorgung noch eine andere war und es in Europa kriegerische Auseinandersetzungen gab.

Was ist dann unser Leben hier? Nichts weiter als ein Zwischenschritt, wenn auch ein sinnerfüllter, aufregender. Auch diese Überzeugung kann zur Weite Gottes führen: Mein Tod ist in Gottes Liebe gehalten.

Was wissen wir über das Danach?

Drei von zehn Deutschen glauben nach einer Umfrage von INSA 2017 an irgendeine Form von einem Leben nach dem Tod.[14] Materialisten glauben, dass einfach alles aus ist, dass es kein Weiterleben in irgendeiner Form nach dem Tode gibt. Bei dualistischen Denkern, die Seele und Leib trennen, lebt die Seele irgendwie weiter, während der Leib stirbt. Aus dem östlichen Denken kommt der Gedanke der Reinkarnation, der Wiedergeburt, das heißt, die Seele sucht sich in gewissem Sinne einen neuen »Behälter«. Das christlich-hebräische Denken vertritt einen ganzheitlichen Ansatz, alles stirbt, alles wird auferweckt. Die Ewigkeitshoffnung, die uns jetzt schon beglücken kann, ist ein Vorrecht der Christen.

> Die Ewigkeitshoffnung, die uns jetzt schon beglücken kann, ist ein Vorrecht der Christen.

In dieser Auferweckung erwarte ich für mich persönlich zwei Ereignisse:

Irgendwie werde ich im Himmel Werner May bleiben, mich nicht in einer allgemeinen Sphäre auflösen, sondern ich bleibe ich, behalte meine Identität. Was genau dort meine Identität ausmacht, was mich mich sein lassen wird, das ist jedoch offen, wie ich aussehen werde, was mich vor allem prägen wird und was alles nicht mehr zu mir gehört.

Gleichzeitig glaube ich an die Transformation, die Verwandlung in eine höhere Dimension durch die Gegenwart des Heiligen und die jetzt noch nicht vorstellbare Herrlichkeit Gottes, des Vaters, des Sohnes und des Heiligen Geistes. Wohin diese führt und wie ich dabei ich bleibe, auch das bleibt offen. Aber all das wird geschehen.

Und dann ist da noch das, was ich in einem Buch »die Schlagsahne obendrauf«[15] genannt habe. Es gibt Hinweise in der Bibel, dass wir zusätzlich zum Leben in Gottes Herrlichkeit noch eine Art Belohnung bekommen, etwa so wie Schlagsahne auf einem schon köstlichen Kuchen. Die Portion richtet sich nach der Qualität unseres Lebens hier auf dieser Erde. Aber letztlich ist das Maß an Schlagsahne nicht so wichtig, im Vergleich zu aller Verwandlung und vor allem zur Gegenwart des Heiligen und Liebenden.

Umfassend – jetzt, ebenso wie vor meiner Zeit hier und nach meiner Zeit hier – weiß ich mich in der Gegenwart Gottes. Diese Ewigkeitshoffnung führt mich in keiner Weise zu einer Gleichgültigkeit gegenüber meinem Leben hier auf Erden, gegenüber den vierzig, sechzig, achtzig oder hundert Jahren. Im Gegenteil, mein bescheidener Beitrag in dieser Zeit beginnt zu leuchten, kann als kostbar erkannt werden, weil er meiner ist, weil er etwas bewirkt hat, einen Samen darstellt, weit über mein Leben hinaus, weil er mit vielen anderen Samen reiche Frucht bringt und immer wieder einen Geschmack von einem Stückchen Himmel auf Erden.

Tunnel oder Aussichtsturm?

Wie schauen wir grundsätzlich in unsere geistliche Zukunft, stehen wir auf einem Aussichtsturm oder befinden wir uns in einem Tunnel?

Im Tunnel sehen wir vor uns, ganz in der Ferne, ein Licht am Ende dieses Tunnels, ein kleines Licht, das zwar die Lebenshoffnung nicht auslöschen lässt, uns aber auch eine schwere Zeit prophezeit, bis wir irgendwann dort in einer besseren Zukunft ankommen, falls wir überhaupt ankommen.

Auf einem Aussichtsturm dagegen ist ein lebendiger und attraktiver Blick in alle Richtungen möglich. Wir nehmen schon Bekanntes wahr, durchaus einmal aus einer anderen Perspektive, und entdecken viel Neues.

In schweren Lebensphasen kann das Bild des Tunnels eine Hilfe sein, überhaupt wieder Licht zu sehen. Doch Gott will uns auch auf den Aussichtsturm führen. Dazu möchte ich Sie einladen: Kommen Sie mit auf solch einen Aussichtsturm. Entdecken Sie Vertrautes und Neues und schauen Sie bis zum Horizont. Sogar die Frage, was hinter dem Horizont liegt, darf in uns aufsteigen, eine erlaubte Neugierde nach bisher nicht Vorstellbarem, eine offene Hoffnung.

Im Prinzip ist unsere Zukunft immer offen, auch dort, wo wir konkrete Vorstellungen haben, denn das, was dann wirklich im gelebten Leben auftreten wird, können wir in unseren Vorstellungen nicht 1:1 vorwegnehmen. Allein dieser Sachverhalt macht unser Leben schon spannend (und leider manchmal auch überfordernd).

Erlaubte Neugierde ist eine offene Hoffnung auf bisher nicht Vorstellbares.

Wenn ich dazu einlade, das heutige Leben mit dem Leben vor zehn Jahren zu vergleichen und zu fragen, von wie vielen der Beziehungen, Aufgaben und Erlebnisse im jetzigen Jahr wir damals schon eine Vorstellung hatten, dann werden die meisten zustimmen, dass sie damals von einem großen Teil ihres heutigen Lebens keine Ahnung hatten und sich vieles außerdem anders entwickelt hat als erwartet. Jeder Tag ist ein neues, unbetretenes Land.

Es kommt immer anders, als wir denken

Es kommt immer anders, als wir denken, manchmal zwar nicht ganz anders, aber doch immer etwas anders.

Als Jugendlicher hätte ich mir nie träumen lassen, dass ich einmal sechs Kinder haben würde, noch dazu sechs Töchter, ganz zu schweigen von ihren unterschiedlichen Persönlichkeiten. Als ich mit dem Psychologiestudium begonnen habe, hätte ich nie gedacht, dass ich mich einmal jahrzehntelang mit christlicher Psychologie beschäftigen würde. Vor ein paar Jahren wusste ich noch nicht, dass ich einmal ein englischsprachiges Internet-Journal herausgeben würde. Heute Morgen hatte ich keine Ahnung, dass ich mich länger mit einem Nachbarn unterhalten würde.

Darum: Erwarten Sie nicht nur etwas anderes, sondern wirklich auch bisher Unvorstellbares und Bereicherndes von Ihrer Zukunft, auch von Ihrer Beziehung zu Jesus Christus.

Unerwartet

Ich saß allein im Wohnzimmer meiner Tochter. In den letzten Tagen hatte ich in ihrer Stadt ein Seminar gehalten. Als ich mich umschaute, entdeckte ich viele Erinnerungen an ihre Kindheit. Aus dem Bücherregal zog ich einige mir vertraute Bücher heraus, die ich selbst als junger Mensch gelesen hatte.

Ich weiß nicht, wie ich meine Stimmung beschreiben soll, aber diese Mischung aus Erinnerungen, vertrauten, aber auch neuen, fremden Gegenständen aus dem Leben meiner Tochter und der entspannten Zeit nach getaner Arbeit, diese Mischung formte in mir Worte, die ich zu meinem ersten Gedicht niedergeschrieben habe. Das war im April 2001, ungefähr 22,5 Jahre nach meiner Bekehrung. Unerwartet und überraschend öffnete sich damit eine kreative Tür: Ich fing an, Gedichte zu schreiben, anders als bis dahin gewohnt auszudrücken, was ich empfinde und erlebe.

In der Zwischenzeit habe ich diese neue Gabe in meine Identität eingebaut und mit anderen Künstlern verschiedene Projekte durchgeführt. Auch in diesem Buch werde ich bestimmte Gedanken und Empfindungen durch Gedichte wiedergeben, weil sie in meiner Alltagssprache nicht so zu fassen sind.

So unerwartet kann Gott neue Türen öffnen. Lassen auch Sie sich überraschen, was Sie in den nächsten zehn oder zwanzig Jahren in Ihrer Beziehung zu Gott erleben. Sie dürfen Appetit auf mehr verspüren. Nicht nur auf leichte Kost, sondern auf »tiefere« und »weitere« Erfahrungen. Näher. Schöner. Weiter..

Auf dem Aussichtsturm können wir einen Blick darauf erhaschen, doch zunächst gilt es, von unseren alten Schätzen den Staub wegzupusten.

3. Von alten Schätzen: Kieselsteine mit Edelsteinglanz

Ich bin gern Christ. Ich staune und freue mich über die Schönheit unseres Glaubens, aber auch über seine Kraft und Stärke. Er gibt mir genug Kieselsteine in die Hand, um den Goliaths des Lebens entgegenzutreten.

Solche Kieselsteine des Glaubens haben wir in den ersten beiden Wegabschnitten unseres Lebens mit Gott erworben, Kieselsteinstärke. Wo liegen sie jetzt? Nutzen wir sie oder haben wir manche in der Zwischenzeit verstauben lassen? Wie der Hausvater, der aus seinem Schatz Neues und Altes hervorholt (Matthäus 13,52), dürfen wir unsere Kieselsteine als »alte Schätze« entdecken, manche entstauben und neu wie Edelsteine glänzen sehen. Sie können jetzt einen anderen Platz in unserem Herzen einnehmen, weil ihre identitätsstiftende Funktion für uns abgenommen hat. Stattdessen kommt ihr Geber, unser Gott, der Gott der Herrlichkeit, mehr als früher darin und dahinter zum Vorschein. Sie beginnen zu seiner Ehre zu funkeln, denn ich muss mir und anderen nicht mehr »beweisen«, dass unser Glaube der beste ist, für alle und für mich.

Haben Sie schon eine Idee, an welche Kieselsteine ich denke?

Die verlassene erste Liebe

Ich habe noch nie bei einem Seelsorgeseminar die Frage gestellt, wer denn glaubt, dass er die erste Liebe verlassen hat. Aufgrund von Äußerungen in Einzelgesprächen vermute ich, dass sich etliche melden würden, vor allem solche, die schon länger im Glauben stehen. Sie würden dann berichten, dass sie nicht mehr die gleiche Begeisterung wie am Anfang verspüren, nicht mehr die gleiche Einsatzfreude.

Mir und anderen waren die folgenden Gedanken eine große Hilfe dabei, von einer gewissen Verunsicherung in Bezug auf diese »erste Liebe« frei zu werden, und damit offener für eine andauernde »erste Liebe«.

Was ist das, die erste Liebe?
Die Gemeinde in Ephesus, die im Buch der Offenbarung angesprochen wird, wird als eine Gemeinschaft bezeichnet, die nicht müde geworden ist und die jahrelang treu war:

> Dem Engel der Gemeinde in Ephesus schreibe: Das sagt, der da hält die sieben Sterne in seiner Rechten, der da wandelt mitten unter den sieben goldenen Leuchtern: Ich kenne deine Werke und deine Mühsal und deine Geduld und weiß, dass du die Bösen nicht ertragen kannst; und du hast die geprüft, die sagen, sie seien Apostel, und sind's nicht, und hast sie als Lügner befunden und hast Geduld und hast um meines Namens willen die Last getragen und bist nicht müde geworden. Aber ich habe gegen dich, dass du deine erste Liebe verlassen hast. Denke nun daran, aus welcher Höhe du gefallen bist, und tue Buße und tue die ersten Werke! Wenn aber nicht, werde ich über dich kommen und deinen Leuchter wegstoßen von seiner Stätte – wenn du nicht Buße tust.
>
> *Offenbarung 2,1-5* LUT

»Zurück zur ersten Liebe«, wie oft haben wir diese Aufforderung schon gelesen, »gepredigt« bekommen oder gedacht. Doch soll es dabei wirklich um die etwas blauäugige Verliebtheit und die daraus entsprungenen Werke vom Anfang unseres Glaubenslebens gehen? War es das, was den Christen in Ephesus verloren gegangen war?

> Ich möchte Gott heute anders lieben als vor dreißig oder vierzig Jahren.

Ich möchte Gott heute anders lieben als vor dreißig oder vierzig Jahren. Damit will ich nicht infrage stellen, dass das Gebot, Gott von ganzem Herzen zu lieben, mit allem, was wir sind, Bestandteil des höchsten Gebotes ist. Wir sollen Gott und unseren Nächsten lieben.

Ist mit der ersten Liebe nicht vielmehr die Liebe Gottes zu uns gemeint? Er hat uns zuerst geliebt, wie Johannes schreibt:

> Darin besteht die Liebe: nicht dass wir Gott geliebt haben, sondern dass er uns geliebt hat und gesandt seinen Sohn zur Versöhnung für unsre Sünden. ... Und wir haben erkannt und geglaubt die Liebe, die Gott zu uns hat. Gott ist die Liebe; und wer in der Liebe bleibt, der bleibt in Gott und Gott in ihm. ... Furcht ist nicht in der Liebe, sondern die vollkommene Liebe treibt die Furcht aus; denn die Furcht rechnet mit Strafe. Wer sich aber fürchtet, der ist nicht vollkommen in der Liebe. Lasst uns lieben, denn er hat uns zuerst geliebt.
>
> 1. Johannes 4,10.16.18-19

Er hat uns zuerst geliebt!
Das ist der Boden, auf dem wir stehen.
Das ist die Atmosphäre, in der wir leben.
Das ist die erfrischende und klare Atemluft, die wir schmecken!
Gottes Liebe, vor uns, über uns, hinter uns und in uns.
Nichts kann mich scheiden von der Liebe Christi.
Das ist die erste Liebe!

Am Anfang unseres Lebens steht die Liebe Gottes: »Gott hingegen beweist uns seine Liebe dadurch, dass Christus für uns starb, als wir noch Sünder waren« (Römer 5,8).

Gottferne Tage

Es gibt Tage, an denen uns unsere Gottesbeziehung, auch die Bewusstheit seiner ersten Liebe, irgendwie wegrutscht, an denen wir

Gott vergessen. Langsam dämmert uns, dass da noch eine Quelle in uns ist, mit der wir im Augenblick gar nicht verbunden sind.

Solche Tage wird es immer wieder geben, obwohl wir es gar nicht wollen: wenn uns eine Grippe lahmlegt; wenn wir bestimmte Sorgen nicht loswerden; wenn wir mit etwas, was uns sehr begeistert, zu beschäftigt sind und aus vielen anderen Gründen.

Wir haben Gott nicht verlassen, sondern ihn vergessen, wenn auch nur für ein paar Stunden. Eines können wir uns dabei sicher sein: Von Gott selbst können wir uns gar nicht entfernen, weil er uns immer aus Gnade nahe ist.

> Eigentlich reicht das schon als Auftrag für die Zukunft: immer mehr diese erste Liebe zu begreifen.

Beides zu erkennen, dass wir Gott vergessen haben und dass er uns trotzdem nahe ist, ist der erste Schritt zurück zur Quelle der ersten Liebe. Egal wie lange Sie und ich schon Christ sind, diese erste Liebe Gottes ist nach wie vor der Grund, auf dem wir stehen, und darauf wollen wir auch die nächsten Jahrzehnte stehen. Eigentlich reicht das schon als Auftrag für die Zukunft: immer mehr diese erste Liebe zu begreifen, dass uns wirklich nichts davon trennen kann, und dann selbst zu lieben.

... und die ersten Werke

Wenn wir zu dieser ersten Liebe zurückkehren, dann gilt es als Nächstes, wieder die ersten Werke zu tun. »Denke nun daran, aus welcher Höhe du gefallen bist, und tue Buße und tue die ersten Werke!« (Offenbarung 2,5).

Darüber, was diese ersten Werke sind, gibt es unterschiedliche Meinungen, und das ist auch in Ordnung. Ich habe am Anfang die sogenannten vier Bs kennengelernt: *Bibellesen, Beisammensein, Bekennen* und *Beten*. Diese will ich gern nach wie vor pflegen und weiterentwickeln, getragen von der ersten Liebe, von der Liebe Gottes zu mir. Aber ich will dabei nicht vergessen, dass diese ersten Werke aus diesem Geliebtsein fließen, sie sind nicht der Zugang zur Liebe Gottes oder sogar der Preis dafür.

Wir haben über Jahre hinweg gelernt, mit dieser Liebe Gottes zu uns zu leben. In all diesen Jahren haben wir gebahnte Wege des Herzens entwickelt, eigene gute geistliche Gewohnheiten im Leben mit dieser Liebe, denen wir vertrauen können: wie und wie häufig wir beten, wie und wie häufig wir in der Bibel lesen, Zeugnis geben, vergeben oder Vergebung empfangen, Gemeinschaft mit anderen pflegen.

> Glücklich ist der Mensch, dessen Stärke in dir ist, in dessen Herz gebahnte Wege sind! Sie (d.h. diese Menschen) gehen durch das Tränental und machen es zu einem Quellort. Ja, mit Segnungen bedeckt es der Frühregen. Sie gehen von Kraft zu Kraft. Sie erscheinen vor Gott in Zion.
>
> *Psalm 84,6-8* ELB

Auf gebahnten Wegen kann man leichter gehen als querfeldein. Sie zeugen von einer langen Geschichte. Gebahnte Wege, das heißt für mich:

- Ich weiß, welche Lieder ich gern singe und welche nicht, bei welchen ich mich im Herzen Gott hingeben kann und bei welchen es mir nicht gelingt. Das darf so sein, das ist gut so.
- Ich weiß, welche geistliche Musik ich mir zu Hause anhöre, wann und wie oft.
- Manche Bibeltexte lese ich gern und immer wieder sprechen sie mich neu an. Andere Bibeltexte habe ich schon seit Jahren nicht mehr gelesen.
- In meiner Wohnung hängen geistliche Bilder und Symbole, die meinen Glauben bezeugen, so dezent oder auffällig, wie ich es mir angewöhnt habe.
- Auf meinem Auto habe ich keinen Fischaufkleber, wobei das ja nun wirklich kein großes Zeugnis für Jesus wäre. Sollte ich zufällig ein Auto kaufen, auf dem sich schon einer befindet, werde ich diesen aber nicht ablösen.

- Ich weiß, wann ich mich als Christ zu erkennen gebe und wann nicht.
- Ich weiß, bei welchen Themen es mir schwerfällt, öffentlich darüber zu reden, wie zum Beispiel die Wiederkunft Christi, und bei welchen es mir leichtfällt, wie zum Beispiel die Dreieinigkeit Gottes.
- Ich weiß, wie viel ich jeden Tag bete, und ich weiß, wann ich eine Extra-Gebetszeit einhalten soll.
- Ich weiß auch, wie ich bete, immer wieder die gleichen Gebete, dann wieder ganz persönlich aktuell, manchmal ertappe ich mich, wenn ich dabei in Gedanken abschweife, manchmal kämpfe ich im Gebet hellwach und entschlossen.

Diese Reihe von geistlichen Gewohnheiten, von gebahnten Wegen des Herzens, ließe sich noch weiter fortsetzen. Ich weiß mich in meinem Sosein angenommen und gesegnet und lasse mich von Gott gern herausfordern, alte Gewohnheiten auszubauen und neue Gewohnheiten zu entwickeln.

Die erste Liebe setzt mich davon frei, mich mit anderen zu vergleichen, damit, wie sie ihren Glauben leben. Voneinander zu lernen ist gut, aber mithalten oder besser sein zu wollen, schadet mir und unseren Beziehungen.

Gott hat unsere bisherigen gebahnten Wege gesegnet. Wir sollten uns diese guten geistlichen Gewohnheiten nicht madigmachen lassen, wenn sie in ihrer Häufigkeit nicht von allen geteilt werden, wir uns nicht auf irgendwelchen Bestenlisten vorfinden oder sich andere neue, »modernere« Formen entwickelt haben.

Könnten wir wirklich noch Hoffnung haben, dass wir es - vielleicht durch mehr Selbstdisziplin - in Zukunft besser machen würden, diese Sache mit Gott, als wir es uns bisher in einer so langen Zeit von zwanzig, dreißig Jahren oder mehr angewöhnt haben? Sollten wir nicht vielmehr den mutigen Sprung wagen, Gottes erster Liebe zu uns weit mehr zu vertrauen als all unseren geistlichen Leistungen und Gewohnheiten? Haben Sie Mut zu Ihrer einzigartigen, persönlichen Beziehung mit Gott, die sich auch in eigenen geistlichen Gewohnheiten ausdrückt. Entscheiden Sie sich für ein geistliches Grundvertrauen: Ja, es gibt noch genug für mich zu lernen - und das wird nicht aufhören -, aber es ist ein tragfähiger Grund gelegt durch die Liebe Gottes zu mir.

Versuchen Sie einmal, spontan auf die Frage zu antworten, wie Sie Ihre eigene Beziehung zu Gott einschätzen, inwieweit sie in Ordnung ist, zu dreißig Prozent, fünfzig Prozent oder mehr. Wagen Sie diesen Sprung des Vertrauens, dass aufgrund der unendlichen Liebe Gottes zu Ihnen und der gebahnten Wege in Ihrem Herzen Ihre Beziehung so passt. Es wird nicht mehr aufgerechnet. Der andere Partner in unserer Beziehung ist stark, treu, zuverlässig, es ist Gott!

Er hat alles bezahlt!

Der größte Augenblick der Weltgeschichte, in dem wohl alle, die es bewusst begriffen hatten, den Atem anhielten, war, als Jesus am Kreuz gegen drei Uhr seine letzten Worte laut hinausschrie: »Eli, Eli, lema sabachtani?« (Das bedeutet: »Mein Gott, mein Gott, warum hast du mich verlassen?« [Matthäus 27,46].)

> Haben Sie Mut zu Ihrer einzigartigen, persönlichen Beziehung mit Gott, die sich auch in eigenen geistlichen Gewohnheiten ausdrückt.

Der höchste Punkt der Liebe Gottes zu uns. In diesem Augenblick war die Macht der Lieblosigkeit überwunden. Der Vorhang zerriss, der Sie und mich von der göttlichen Liebe trennte.

Heinrich Spaemann weist darauf hin, dass Jesus hier am Kreuz nicht schrie: »Mein Vater, mein Vater, warum hast du mich verlassen?«, sondern »Mein Gott, mein Gott, warum hast du mich verlassen?«[16] Nirgendwo sonst in der Heiligen Schrift spricht Jesus Gott nur als Gott und nicht auch als Vater an. In diesem kurzen Augenblick war Jesus ganz Mensch, von Gott verlassen, um die Tür aufzureißen zum Strom der Liebe, zum Strom der Liebe des Heiligen Geistes, der jetzt auf alles Fleisch ausgegossen ist. Was ist das für eine Liebe! Die Liebe Gottes, die erste Liebe, eine ewige Steilvorlage für uns Christen.

nichts kann dich scheiden

kein Sanddorn im Auge
nichts
kein Wort, dessen Ton
deine Brille beschlägt
kein Anruf
der nie erfolgt
nichts

auch wenn jemand die Straßenseite wechselt
wenn er dich sieht
nichts
kein leerer Teller
keine Nacht
die taghell ist, nur ohne Licht
nichts kann dich scheiden
von der Liebe Gottes
die in Jesus Christus ist

Verstaubte alte Schätze glänzen wieder

Es wäre sicher leichtfertig, zu glauben, dass jemand Jahrzehnte seines Glaubens ohne geistliche Verluste durchstehen kann. Ich möchte mir und anderen keine Generalabsolution erteilen. Wir sind vielleicht nicht lau geworden, aber es lohnt sich, zu fragen, welche alten Schätze wir vergraben oder vergessen haben. Jesus sagte: »Jeder Schriftgelehrte, der in der Schule des Himmelreichs ausgebildet ist, gleicht einem Hausherrn, der aus seinem reichen Schatz Neues und Altes hervorholt« (Matthäus 13,52).

Zurück zur ersten Liebe und zu ihren Werken, zurück zur Liebe Gottes zu uns, heißt auch, sich wieder bewusst zu machen, wie wir am Anfang diese Liebe ergriffen und ausgelebt haben und welche besonderen Erfahrungen und Aufgaben in den ersten Jahren, ja

Jahrzehnten, zu unserer persönlichen Nachfolge gehört haben. Sind diese noch lebendig? Welche Rolle spielen sie in unserem Leben heute?

In den ersten Jahren haben wir - neben den Grundlagen unseres Glaubens - großartige Schätze entdeckt! Vor allem ist da der Heilige Geist zu nennen, obwohl er ja eigentlich zu diesen Grundlagen gehört. Aber irgendwie - so scheint mir - ist er der große Unbekannte geblieben. Nach einer Emnid-Umfrage von 2009 weiß nur etwa die Hälfte der Menschen in Deutschland, was an Pfingsten gefeiert wird, nämlich die Ausgießung des Heiligen Geistes.[17]

Jesus sagte in Johannes 14,16-17:

> Und der Vater wird euch an meiner Stelle einen anderen Helfer geben, der für immer bei euch sein wird; ich werde ihn darum bitten. Er wird euch den Geist der Wahrheit geben, den die Welt nicht bekommen kann, weil sie ihn nicht sieht und nicht kennt. Aber ihr kennt ihn, denn er bleibt bei euch und wird in euch sein.

Der Heilige Geist ist Gott mit uns. »Denn Gott hat uns nicht einen Geist der Ängstlichkeit gegeben, sondern den Geist der Kraft, der Liebe und der Besonnenheit« (2. Timotheus 1,7). Die Herausforderung für uns Christen heute sollte nicht die alte innerkirchliche Streitfrage sein, ob das Empfangen des Heiligen Geistes ein Extrageschehen neben der Bekehrung beziehungsweise der Taufe ist oder nicht, sondern ob wir spüren, dass er in uns brennt. Und wenn ich ihn nicht spüre, dann bete ich, dass er wieder in mir aufbrennt, und bitte andere um Gebet. Das ist die alte und immer aktuelle Herausforderung.

Der Heilige Geist will einen entscheidenden Platz in meinem Leben einnehmen: Er überführt von Sünde, er bewirkt die Neugeburt, er schenkt uns Heilsgewissheit, er lebt in uns. Christus in dir! Er hilft uns, er heiligt uns, er spricht durch uns, er gibt uns Kraft, Zeugen zu sein, er schenkt vielfältige Gaben und er unterstützt die Frucht des Geistes, zu der auch die Freude gehört.

Ich will beispielhaft ein paar konkrete Schätze aus meinem Leben herausgreifen, ohne diese dadurch als ein Muss für jeden hinzustellen.

Verstaubte alte Schätze glänzen wieder: Die Gaben des Heiligen Geistes

Wenn ich mir selbst gegenüber ehrlich bin, hat für mich der Dienst mit den Charismen, den Gaben des Heiligen Geistes (siehe zum Beispiel 1. Korinther 12-14), in den ersten fünfzehn Jahren meines Glaubenslebens eine größere Rolle gespielt als heute. Es gibt keinen erklärbaren Grund für mich, warum das so ist, außer dass ich nachlässig geworden bin, dass anderes für mich mehr an Interesse gewonnen hat und dass ich vielleicht einem gewissen Stress, den solche öffentlichen Dienste mit sich bringen, ausgewichen bin.

In den letzten Jahren unterrichte ich sehr gern über die Trinität Gottes, über den Vater, den Sohn und den Heiligen Geist. Ich verdeutliche dabei, dass der Heilige Geist auch personal zu verstehen ist, der Stellvertreter von Jesus in und bei uns.[18]

Zu dieser Kurseinheit gehört auch die Lehre über die Geistesgaben, wie sie vor allem Paulus entfaltet, zum Beispiel im ersten Brief an die Korinther:

> Nun gibt es verschiedene geistliche Gaben, aber es ist ein und derselbe Heilige Geist, der sie zuteilt. ... Jedem von uns wird eine geistliche Gabe zum Nutzen der ganzen Gemeinde gegeben. Dem einen gibt der Geist also die Fähigkeit, guten Rat zu erteilen, einem anderen verleiht er die Gabe besonderer Erkenntnis. Dem einen schenkt er einen besonders großen Glauben, dem anderen die Gabe, Kranke zu heilen – das alles bewirkt der eine Geist. Dem einen Menschen verleiht er Kräfte, dass er Wunder tun kann, einem anderen die Fähigkeit zur Prophetie. Wieder ein anderer wird durch den Geist befähigt zu unterscheiden, ob wirklich der Geist Gottes oder aber ein anderer Geist spricht. Und dem einen gibt der Geist die Gabe, in anderen Sprachen zu

sprechen, während er einen anderen befähigt, das Gesagte auszulegen. Dies alles bewirkt aber ein und derselbe Heilige Geist, indem er diese Gaben zuteilt und allein entscheidet, welche Gabe jeder Einzelne erhält.

1. Korinther 12,4.7-11 NLB

Wenn ich hier die Charismen den alten Schätzen zugeordnet habe, dann gilt das so für mich, für andere wären diese vielleicht mehr bei den neuen Schätzen aufzuführen. Sicher sind auch manche der Geistesgaben für mich neue Schätze. Theologisch bleibt offen, ob das Phänomen Charismen nur auf die im Neuen Testament erwähnten Gaben des Heiligen Geistes bezogen ist oder ob es weitere gibt.

Meine Erfahrungen

Natürlich erzähle ich in diesen Lehreinheiten von meinen Erfahrungen mit verschiedenen Geistesgaben aus den Anfangsjahren, aber auch davon, dass diese heute nicht mehr die gleiche Rolle spielen. Andere Aufgaben und geistliche Herausforderungen sind mir wichtiger geworden.

Dank dieser Lehrtätigkeit ist mir aber wichtig geworden, diese Gaben auch heute nicht zu vernachlässigen, denn Gott gereuen seine Gaben nicht, sie sind nötig und ich möchte auch die ersten Werke wieder tun.

Ich kann mich gut an ein Treffen für geistliche Leiter 1981 erinnern. Ich war damals noch keine drei Jahre Christ und durfte nur an den Workshops teilnehmen, weil ich im Organisationsteam mitarbeitete und für die Bettenvergabe zuständig war. Bei diesem Treffen war jemand anwesend, der in anerkannter Weise im Heilungsdienst stand. Daher war klar, dass die meisten zu seinem Workshop gehen würden, denn dieser Workshop war etwas Besonderes. Aber im Gebet wurde mir deutlich, dass ich stattdessen den Workshop über Prophetie aufsuchen sollte, was ich dann auch tat.

> **Wir dürfen diese Gaben auch heute nicht vernachlässigen, denn Gott gereuen seine Gaben nicht.**

Dort wartete ein Mitarbeiterteam von etwa sechs Personen auf uns, aber wir waren nur zwei Teilnehmer. So hatten sie ausreichend Zeit, um mit uns zu beten und uns in diesen Dienst einzuführen.

Es dauerte noch einmal ein Jahr, bis ich den Mut fasste, bei einem Gebetstreffen Gott um einen prophetischen Impuls zu bitten. Ich hatte plötzlich den Gedanken, dass ein Mann da sei, der sich Sorgen machte, weil sein Sohn erkrankt war. Außerdem hatte ich den Impuls, dass Gott ihm sagen wollte, dass er sich entspannen könne, weil Gott sich um den Jungen kümmern würde. Ich fand aber nicht den Mut, dies öffentlich zu sagen, sondern teilte es dem Veranstaltungsleiter unter vier Augen mit. Dieser griff jedoch sofort zum Mikrofon und gab bekannt, was ich empfangen hatte. In diesem Augenblick betrat ein Mann den Saal, der gerade im Foyer mit seiner Familie telefoniert und von der Erkrankung seines Sohnes erfahren hatte.

Wie groß ist die Liebe Gottes! Dieser Mann betrat besorgt den Saal und hörte, dass Gott sich um ihn kümmert!

Das war meine erste Erfahrung mit dem Hören auf Impulse von Gott. In den nächsten Jahren sollte dies eine größere Rolle in meinem Dienst einnehmen. Nicht immer hörte ich richtig, nicht immer zeigte sich Frucht, aber doch oft.[19]

Wie gesagt, das ereignete sich alles in den Achtzigern und Anfang der Neunzigerjahre, als ich in meinem Glaubensleben noch am Anfang stand. Um auf das Thema »Zurück zu den alten Schätzen« zurückzukommen: Ich habe wieder Motivation gefunden, diese alten Schätze auszugraben.

So entschied ich mich Ende 2010, wie früher um konkrete Dinge zu beten, die Gott gerade tun wollte, und meine Eindrücke dann auch mitzuteilen. Ein Knie sollte heil werden, etwas Verlorenes sollte wiedergefunden werden, etwas noch nicht Vergebenes bereinigt werden. Aus Redlichkeit fragte ich nach, auf wen diese Eindrücke zugetroffen hatten und was der Einzelne erlebte, auch wenn das nicht unmittelbar sofort zu spüren sein musste. Und ich staunte wie früher, dass sich Angesprochene meldeten oder dass ich am nächsten Tag Post erhielt, dass das Verlorene gefunden worden war und die Knieschmerzen verschwunden waren.

Es gilt nach wie vor: Gott ist unser liebender Vater, der es schätzt, mit uns zu sprechen. Jesus sagt: »Meine Schafe hören meine Stimme« (Johannes 10,27). Es muss nicht jeder, der Gott hört, gleich ein Prophet sein oder werden. Doch unsere Offenheit dafür, mit dem Heiligen Geist vertraut zu sein, schafft Unterschiede auf der Ebene der grundsätzlichen Befähigung, Gott zu hören.

Drei Ebenen des Dienstes mit den Geistesgaben

Es hat mir geholfen, beim Dienen mit dem Heiligen Geist drei Ebenen zu unterscheiden: die Universalrolle, das Charisma und das Amt.

Die grundsätzliche Befähigung, Gott zu hören, nennt der Begründer der Vineyard-Bewegung John Wimber eine Universalrolle der Christen. Das heißt, es ist jedem Christen möglich, Gott zu hören. Der Unterschied zwischen dem alltäglichen Hören auf Gott und dem Charisma, der Geistesgabe, besteht darin, dass ich beim Charisma ein Geschenk von Gott für eine andere Person empfange, das ich weitergebe. Die Aktivität liegt dabei mehr bei Gott als bei mir. Ich erlebe mich mehr als »Briefträger«, als dass ich etwas aktiv tue. So erlebe ich mich heute.

Treten solche Beauftragungen Gottes bei einer Person häufiger auf, zeichnet sich ein prophetischer Dienst (Amt) ab, der nach einiger Zeit Bestätigung durch die Gemeinde erfahren sollte.

Manche Menschen haben Schwierigkeiten, sich überhaupt auf die Gaben des Heiligen Geistes einzulassen. Ein Grund dafür ist nicht Gott, sondern unser Gottesbild, wenn wir zum Beispiel denken: »Gott redet nicht, und wenn doch, dann nicht zu mir.« Auch Sorge und das Misstrauen, irregeführt zu werden, können uns davon abhalten, uns für die Geistesgaben zu öffnen. Aber bevor wir prüfen können, ob wir richtig hören, müssen wir erst einmal überhaupt hören. Darum ist es wichtig, offen zu sein für das Wirken des Heiligen Geistes und die Gaben, die er uns schenken möchte.

Ganz persönlich stellt sich mir die Frage, was es mir nach Jahrzehnten des Hörens von Gottes Stimme schwer macht, ihn zu hören. Die Antwort ist: Gott zu hören setzt voraus, dass ich mich selbst zurücknehme.

Wenn ich ehrlich bin, wollte ich in all den Jahrzehnten nicht auf mein eigenes kompetentes Handeln verzichten oder mir Zeit nehmen, innezuhalten, um dem Heiligen Geist Raum zu geben. Auch Bequemlichkeit konnte ich feststellen, hinter der vielleicht eine Portion Menschenfurcht steckte, mich dem Stress von etwas auszusetzen, was außergewöhnlich, das heißt auffällig ist.

Zurück zu den Schätzen der ersten Jahre muss aber nicht heißen, dass ich sie heute noch in gleicher Weise ausübe und auf gleiche Weise damit diene. Vielleicht habe ich damals all diese Erfahrungen als Nahrung für meine christliche Identität gebraucht – ich bin einer, der Gott hören kann, auf dem Weg, ein Prophet zu werden! – aber das war es sicher nicht allein. So werde ich heute, nach über drei Jahrzehnten, all diese Schätze anders ausleben können, nicht mehr so stark identitätsstiftend, hoffentlich viel mehr von Liebe und Demut geprägt und von einer Haltung gesteuert, die versucht, das zu tun, was ich den Vater tun sehe, wie Jesus es gesagt hat.[20]

Wenn ich heute irgendetwas sage oder tue, was seinen Ausgangspunkt im Reden Gottes hat, sage ich nicht: »Der Herr hat gesprochen«, oder: »Gott zeigte mir«, sondern ich gebe einfach den Gedanken weiter, z.B.: »Mir ist deutlich geworden, dass ...«, oder: »Das würde ich dir gern mit auf den Weg geben ...« Gott soll sich bezeugen, nicht die Worte meiner Verpackung.

> Zurück zu den Schätzen der ersten Jahre muss nicht heißen, dass ich sie heute noch in gleicher Weise ausübe wie damals.

Zurück zu diesem alten Schatz! Fast tagtäglich staune ich heute, wenn ich Gott bitte, zu mir zu sprechen, welche neuen und bereichernden Gedanken, Perspektiven oder Ideen sich auftun. Aber ich liebe auch das Nachdenken, hole mir gern Rat und übe mich darin, nach kreativen Lösungen zu suchen. Kommen beide Wege zu unterschiedlichen Lösungen, mein Hören auf Gott und mein menschliches Nachsinnen, liegt es daran, dass beides begrenzt ist, und ich fange nochmals von vorne an, bis ich eine Übereinstimmung finde. Gott soll mich segnen, ob ich auf ihn mithilfe des Heiligen Geistes höre oder mit seiner Hilfe nachsinne. Das macht für mich heute keinen Widerspruch mehr aus. Ich vertraue, dass Gott mit uns ist, auch in einer Teambesprechung, auch wenn wir nicht eine direkte Geistleitung suchen.

Zurück zu diesem Schatz der Charismen, aber auch zu den Gaben anderer! Ich will mir dienen lassen und ihnen danken für ihre Bereitschaft, zu dienen.

Verstaubte alte Schätze glänzen wieder: Den Armen nahe

Da ich selbst in einfachen Verhältnissen aufgewachsen bin und zudem meine Ferien jahrelang immer wieder gern in einem dörflichen Milieu verbracht habe, ist es mir nie schwergefallen, zu Menschen aus unteren sozialen Schichten Zugang zu finden. Der Ruf Jesu, sich den Ärmsten zuzuwenden, ihm in diesen zu dienen, war mir sehr nahe. Als junger Christ habe ich das auch mit anderen zusammen umgesetzt, unser Haus für verschiedene Menschen geöffnet oder Engagement für die Armen in anderen Ländern gezeigt.

Doch in meinem dritten Wegabschnitt als Christ stellte ich erschrocken fest, dass ich eigentlich fast nur Kontakt mit Menschen aus meiner sozialen Schicht habe. Ich habe mich sogar dabei ertappt – und das hat mir vor ein paar Jahren wirklich einen Schock versetzt –, dass ich mir während eines Gottesdienstes geringschätzige Gedanken über Gottesdienstbesucher aus einfacheren Verhältnissen erlaubte. Wo war ich hingekommen? Dabei war ich doch ganz anders gestartet!

In den 1980er-Jahren engagierte ich mich zwei Jahre lang einmal in der Woche bei der Heilsarmee, die sich in meinem Wohnort um Obdachlose und vom Alkohol beeinträchtigte Menschen kümmerte. Einige der Mitarbeiter waren sogenannte Ehemalige, die zum Beispiel in der Hausmeisterei tätig waren und seit einigen Jahren als Christen in der Heilsarmeegemeinde lebten. Ich lernte sie schätzen, musste aber gleichzeitig feststellen, dass ihre Vergangenheit auf der Straße und der damit verbundene tägliche Alkoholkonsum sie dauerhaft beeinträchtigt hatten, was zum Beispiel die Bewältigung bestimmter Arbeitsbelastungen oder den sozialen Stress betraf.

Diese Begegnungen bewirkten damals einen klaren Entschluss in mir: Ich möchte mir in keiner Weise einen Vorrang vor diesen Geschwistern geben. Ich weiß, Gottes Maßstäbe sind nicht meine. Wahrscheinlich hat mancher von diesen ehemaligen Obdachlosen eine größere Anstrengung vollzogen als ich und vollzieht sie auch heute noch, um Christ zu sein, zu bleiben und sich zu verändern.

Zurück zu den alten Schätzen heißt für mich hier:

> Was nach dem Urteil der Welt ungebildet ist, das hat Gott erwählt, um die Klugheit der Klugen zunichtezumachen, und was nach dem Urteil der Welt schwach ist, das hat Gott erwählt, um die Stärke der Starken zunichtezumachen. Was in dieser Welt unbedeutend und verachtet ist und was bei den Menschen nichts gilt, das hat Gott erwählt, damit ans Licht kommt, wie nichtig das ist, was bei ihnen etwas gilt. Denn niemand soll gegenüber Gott mit vermeintlichen Vorzügen prahlen können.
>
> 1. Korinther 1,27-29

Gerade der Schock dieser Erfahrung des Hochmuts hat mich grundsätzlich entschlossener werden lassen. Ich möchte immer entschlossener werden, im Dienst, im Leben, im Miteinander: nicht nur passiv und reaktiv, nein, von anderen empfangend selbst etwas beitragen und geben, mitgestalten und leiten, mich entschlossener unter die anderen stellen.

Die folgenden Stufen verstehe ich nicht als eine Treppe nach oben, immer höher, sondern als eine Treppe nach unten, immer tiefer – in die Demut, in den Diene-Mut.

Die vorletzte Stufe ist der Gehorsam, in dem ich fast kindlich das tue, was ich den Vater tun sehe, wie es Jesus von sich gesagt hat. Das setzt natürlich voraus, dass ich überhaupt danach frage, was Gott tun würde, und alles Misstrauen gegenüber Gott ablege. (Selbstkritik mir gegenüber, ob ich Gott richtig verstanden habe, sollte natürlich schon sein.)

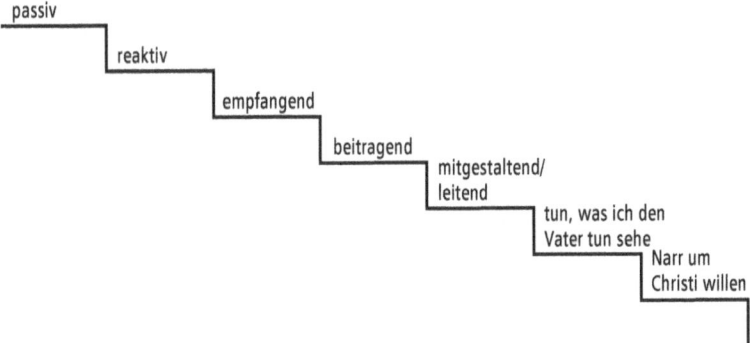

Noch eine Stufe tiefer steht für mich das, was Paulus schreibt: »Wir gelten als dumm und ungebildet, weil wir uns zu Christus halten« (1. Korinther 4,10), oder wie Luther übersetzt: »Wir sind Narren um Christi willen.«

Das darf jetzt nicht mit Engstirnigkeit und Fanatismus verwechselt werden, die Lächerlichkeit provozieren. Ich stelle mir dagegen vor, dass die Liebe zu Gott und den Menschen, verbunden mit einem gewissen unschuldigen kindlichen Vertrauen, uns handeln lässt und eine mögliche Abwertung durch andere – ob uns das bewusst ist oder nicht – uns nicht abhält, Jesus zu folgen. Ich will auch zugeben, dass ich mir nicht bewusst bin, wann und wo ich schon einmal ein Narr um Christi willen war, aber ich hoffe doch, dass ich es schon ab und zu war.

Inklusion, ein Modewort heute, gehört zu den täglichen Erinnerungsworten für mein Gebet. Inklusion ist nicht das Gleiche wie Integration, es ist mehr, als andere (Schwache, Menschen mit Behinderungen, Krankheiten oder anderen Einschränkungen) mitleben zu lassen oder sich um sie zu kümmern. Inklusion meint, sich selbst als schwacher Mensch zu verstehen, gemeinsam, gleichberechtigt zu leben und von jedem lernen zu wollen.

Vor über dreißig Jahren habe ich miterlebt, wie Maria geboren wurde. Sie hat das Downsyndrom. Vor ein paar Jahren habe ich sie bei einer Geburtstagsfeier wiedergetroffen in einer für sie nicht allzu vertrauten Umgebung. Und dennoch hat sie dem Geburtstagskind ein Ständchen zum Fünfzigsten gesungen, mit und trotz all ihrer Beeinträchtigungen, mit Freude und Herzlichkeit. Ihr war keinerlei Aufregung anzumerken. Ich bewunderte sie. Ich staunte. Ich hätte mich nicht getraut, vor diesen Leuten ein Lied zu singen. Maria hat mir Mut gemacht, Unvollkommenes zu wagen, auch wenn viele Menschen es mitbekommen können.

Verstaubte alte Schätze glänzen wieder: Gott ist mein Versorger

Es ist schon über vierzig Jahre her, dass meine Frau und ich einmal ziemlich ratlos in einer großen Bahnhofsvorhalle standen. Wir mussten dringend telefonieren, aber wir hatten all unser Geld ausgegeben. Wir besaßen nur noch zehn Pfennige und damals kostete ein Anruf von einer Telefonzelle zwanzig Pfennige. Handys gab es damals lange noch nicht.

Plötzlich rannte ein Mann quer durch die Halle an uns vorbei und es machte pling. Wir mussten uns nur bücken, um die Münze aufzuheben, die ihm aus der Tasche gefallen war. Damals hatte ich noch keine persönliche Beziehung zu Gott. Dennoch setzte ich diesen Groschen in der Not mehr mit Gott in Beziehung als mit dem Zufall und natürlich freuten wir uns darüber, dass wir nun telefonieren konnten. Aber ich vergaß die ganze Sache bald wieder, statt dadurch motiviert zu sein, Gott mehr zu suchen.

Später erinnerte ich mich wieder daran und dieses Erlebnis gehörte für mich neben weiteren zu den Schlüsselerfahrungen – zusätzlich zum wachsenden Vertrauen in Gottes Zusage –, die mir zeigten, dass er unser Versorger sein will. »Euer Vater im Himmel aber weiß, dass ihr das alles braucht« (Matthäus 6,32).

Eigentlich ist das gar kein alter, verstaubter Schatz, sondern ein tragender, lebendiger Schatz über Jahrzehnte, dem Mammon, das heißt der Geldgier, zu widerstehen und den verantwortungsvollen Umgang mit Geld drittrangig zu praktizieren. Drittrangig? An zweiter Stelle wäre mir zu gefährlich, zu schnell könnte das Geld auf die erste rutschen.

Da passierte mir doch vor zwei Jahren als »Rentner« Folgendes: Ich begann hochzurechnen, was ich zu meiner bescheidenen Rente noch alles dazuverdienen könnte, durch Vorträge, Trainings, und empfand Begeisterung, dass ich jetzt im Alter mehr verdienen könnte als in all den »jungen Schaffensjahren«.

Dann war es mir, als ob Gott sagen würde: »Was machst du da gerade? Fängst du an, im Alter zu schwächeln? Erstellst du dir Gewinnprognosen? Dabei hast du alles, was du brauchst. Jahrzehntelang hast du meiner Versorgung vertraut. Hast du schon mal ein Gewinnkonzept für Weisheit erstellt?«

Die letzte Frage erschütterte mich sehr, denn das hatte ich noch nicht, keine Sekunde hatte ich daran gedacht. Vor Augen steht mir seitdem: »Erwirb Weisheit! Was sonst ist besser als Gold? Einsicht erwerben ist wertvoller als Silber« (Sprüche 16,16).

Ich hoffe, damit ist der Staub für immer weggeblasen von diesem Schatz! Gott soll mein Versorger bleiben.

Verstaubte alte Schätze glänzen wieder: Alte Weggefährten

Gott gebraucht Menschen auf unserem Weg mit ihm. Er gebraucht uns für andere. Wiederum mit anderen gehen wir gemeinsam. Wie viele Weggefährten haben wir unterwegs, in all den Jahrzehnten, verloren? Die meisten wahrscheinlich, weil diese oder wir den Wohnort gewechselt haben oder aus anderen mehr oder weniger berechtigten Gründen. Doch haben wir nicht manchmal auch Brüder und Schwestern einfach nur vergessen, weil anderes oder andere uns wichtiger waren? (Wobei es durchaus sein darf, dass unsere Prioritäten sich ändern.)

Egal, was die Gründe sein mögen, es ist eine spannende und wertvolle Herausforderung, alte Kontakte wieder aufzunehmen. Ich wundere mich dann, wie schnell wir zusammenkommen, wie die

Erinnerungen verbinden. Nicht immer hat der andere einen einfachen Weg hinter sich. Die alte Vertrautheit kann ihm oder ihr dann guttun. Oder uns.

Ein Mann erzählte:

Vor einigen Tagen haben meine Frau und ich Freunde besucht, die wir jahrelang nicht mehr in unserer Gemeinde gesehen haben. Vor Jahren hatten wir Männer einen Männertreff, später zusammen einen Hauskreis mit Ehepaaren. Das Zusammentreffen war einfach gigantisch und die Freude war groß über das Wiedersehen und die Aussicht auf ein Wiederaufblühen der Gemeinschaft in der Zukunft. Mein Freund meinte: »Hey, ich kann mich noch gut an diese Treffen damals erinnern. Das war einfach superschön, so zusammen zu sein.«

Es wird aber auch Weggefährten geben, die heute nichts mehr mit dem Glauben zu tun haben wollen. Interesse an ihrem Leben zu zeigen, weil wir einmal einen gemeinsamen Weg gegangen sind, gehört zu meinen wertvollen Erfahrungen, ohne diese Menschen gleich wieder zum Glauben zurückrufen zu müssen.

Egal, was die Gründe sein mögen, es ist eine spannende und wertvolle Herausforderung, alte Kontakte wieder aufzunehmen.

Verstaubte alte Schätze glänzen wieder: So viele andere

Nach jahrzehntelanger Pause treffen wir uns seit etwa zwei Jahren wieder alle paar Monate zum gemeinsamen Frühstück, vier alte Weggefährten aus der Anfangszeit unseres Christseins: Anne, Karin, Agnes, meine Frau, und ich, Werner. Damals waren wir 18, 20, 25 und 30 Jahre alt.

Was hatten wir nicht schon alles gemeinsam als Christen erlebt und auch miteinander angestellt! Wir hatten damals in den Achtzigerjahren eine kleine Erweckung unter uns erlebt. Immer wieder kamen neu Leute dazu.

Anne war dann für mehrere Jahre als Missionarin in der Mongolei gewesen, Karin jahrzehntelang in der Gemeindeleitung engagiert, nach Missionseinsätzen zum Beispiel in Peru. Heute arbeiten sie beide wieder in ihren früheren Berufen. 2017 saßen wir vier einmal gemeinsam am gut gedeckten Frühstückstisch, Käse- und Wurstplatte, diverse Marmeladen, Kaffee, Tee, Saft, Obst, alles, was das Herz begehrt, und ein großartiger Blick auf den Main unter uns und die Würzburger Festung darüber.

Damals, Anfang der Achtziger, hatten wir mit anderen jeden Dienstag ein gemeinsames Abendessen bei uns und danach Lobpreis und Gebet. Das Abendessen nahmen wir sitzend auf dem Fußboden ein, dazwischen unsere kleinen Kinder. Jeder brachte einfach etwas mit und stellte es dazu.

> Es ist eine spannende und wertvolle Herausforderung, alte Kontakte wieder aufzunehmen.

Nun fragte ich Anne, Karin und Agnes, ob ihnen alte Schätze einfallen würden, die verstaubt sind, aber es wert sind, wieder zum Glanz gebracht zu werden.

»Lobpreis und Anbetung«, meinte Anne sofort, die schon damals mit ihrer Wandergitarre »Gottes Liebe ist wie die Sonne« angestimmt hatte. Aber dieses Beispiel würde doch nicht so passen, fügte sie hinzu, denn Lobpreis und Anbetung seien für sie eigentlich nie verstaubt gewesen. Anne gehörte, wo sie auch war, zum Lobpreisteam. Dann meinte sie, sie würde sich das kindlich vertrauensvolle Gebet wieder wünschen. Einfach für die Dinge zu beten, ohne sich dabei zu viele Gedanken zu machen.

Karin fügte ein, dass sie das kürzlich erst wieder einmal erlebt hatte, aber das war für sie auch eine Ausnahme. Als jemand in einem Laden über eine Sehnenscheidenentzündung klagte, legte sie ihm spontan die Hände auf, und die Schmerzen waren gleich verschwunden. Wir staunten. Ja, so war es früher gewesen.

Karin fuhr fort, nicht nur vertrauensvoll zu beten, sondern auch den kindlichen Gehorsam wiederzufinden, das könnte ein alter Schatz sein. Das erinnerte sie daran, dass sie, die einmal eine passionierte Jägerin gewesen war, ihre gesamte Jagdausrüstung inklusive Gewehren verkauft hatte, weil sie wusste, dass das Schätze waren, die nicht mehr zählten.

Agnes meinte, das gezielte Fasten für einen konkreten Dienst, das sei auch so ein alter Schatz. Oder bei einer Person konkret zu beichten, seine Sünden zu bekennen, nicht alles allein mit Jesus auszumachen. Oder Gebetsnächte (die haben wir schon seit dreißig Jahren nicht mehr besucht), von anderen lernen. Und, und, und ...

Alte Schätze - für mich bestimmte Gaben des Heiligen Geistes, jeder Mensch, Weggefährten und Gottes Versorgung, aber auch zum Beispiel die von Anne, Karin und Agnes aufgezählten - sollen wieder wie Edelsteine glänzen. Denn es sind Edelsteine!

Geheilte Gebetsbiografie – ein weiterer alter Schatz

Wie sollte ich reagieren, als das ungewollt kinderlose junge Ehepaar mich um Gebet bat, weil sie sich ein Kind wünschten? Ich bin mir sicher, in den ersten Jahren meines Glaubenslebens hätte ich einfach dafür gebetet und auch erwartet, dass eine Schwangerschaft geschenkt würde. Später, in der Beratung von Pflege- und Adoptivfamilien, habe ich immer wieder gehört, wie oft vergeblich dafür gebetet wurde, und auch, wie viele Enttäuschungen mit Gott dadurch entstanden sind.

Statt gleich zu beten, suchte ich deshalb erst das Gespräch, deutete an, dass der Kindersegen im Neuen Bund eine andere Bedeutung hat als im Alten Testament, als es um die Vermehrung eines Volkes ging. Außerdem lenkte ich ihre Aufmerksamkeit auf medizinische Möglichkeiten und darauf, wie weit diese schon erkundet wurden. Ins Gebet schloss ich außerdem die Bitte ein, die Möglichkeit der Kinderlosigkeit zu segnen.

Erfahrungen, Einsichten und Enttäuschungen formen unser Gebetsleben. Wie gehen wir mit nicht erhörten Gebeten um? Welche Erklärungen finden wir?

- Ich verleugne oder verdränge.
- Ich suche nach Antworten, warum sie nicht erhört wurden.
- Ich suche Gott.

- Ich denke: »Der Teufel ist schuld.«
- Ich denke: »Ich hatte nicht genug Glauben, ich habe gezweifelt.«
- Ich passe die Wirklichkeit meinem Gebetswunsch an.
- Ich bin entmutigt, resigniert, fühle mich von Gott abgelehnt.
- Ich verändere meinen Gebetswunsch.
- Ich denke: »Gott hat bessere Pläne und Gedanken.«
- Ich bin sauer auf Gott und wende mich ab.
- ???

Gebet beginnt aber nicht mit solchen Fragen und mit so einem schwierigen Beispiel, wie ich es gerade aufgeführt habe, sondern mit der kindlichen Unschuld, alles unserem Vater im Himmel zu sagen und auch zu erwarten, dass er hört. Nicht wir Menschen haben uns das Gebet ausgedacht, um in unserer Hilflosigkeit und Schwäche einen Anker zu haben, sondern Gott hat es »erfunden«, es ist seine Idee. Durch das Beten möchte er mit uns zusammenwirken und Beziehung bauen.

Wo, wann und wie haben wir eigentlich das Beten gelernt? Außer ein paar vorformulierten Gebeten glaube ich nicht, dass es im Stundenplan meines Religionsunterrichts stand. Nun ist hier nicht der Platz, um ausführlicher über eine Schule des Gebetes zu sprechen, auch wenn wir diese auf jeden Fall brauchen. Es ist gut, zu lernen, was es darüber alles zu wissen gibt und wie ein ernsthaftes, vertrauensvolles Gebet ausschauen könnte. »Das Gebet eines Menschen, der sich nach Gottes Willen richtet, ist wirkungsvoll und bringt viel zustande« (Jakobus 5,16). Luther übersetzt: »Des Gerechten Gebet vermag viel, wenn es ernstlich ist.«

Doch was hindert uns am Gebet? Haben sich vielleicht Sätze in unseren Kindertagen in unser Herz eingeprägt, die durch Enttäuschungen wieder zum Leben erwacht sind?

»*Hilf dir selbst, dann hilft dir Gott!*« Dieser Satz lässt glauben, Gebet sei eine Fluchtreaktion, eine Möglichkeit, der eigenen Anstrengung oder dem eigenen Versagen auszuweichen. Sicher ist dies eine Gefahr. Es geht aber gar nicht um eine Alternative - beten oder handeln. Vielmehr sollen wir beides tun: beten und handeln. Ohne Gott können wir sowieso nichts tun (Johannes 15,5). Die eigentliche Frucht in unserem Leben, die bleibt, entsteht dort, wo wir aus dem Gebet heraus leben. Es geht darum, aus dem Gebet heraus die nächsten Schritte zu finden und zu gehen. Und dann wieder zu beten. Dies ist der Weg des Fruchtbringens, den ich gelernt habe und beibehalten will.

»Beten ist Frauensache!« Ein solcher Spruch hält nicht nur Männer vom Beten ab, sondern auch moderne Frauen. Er behauptet, dass Gebet eine Schwäche sei, dass Gebet etwas für Schwache sei. Doch wo wären wir ohne die Gebete der Frauen? In Wirklichkeit sind wir alle schwach, wir alle brauchen Gott. Es ist besser, diese Schwäche zuzugeben und zu beten und aus dem Gebet heraus zu handeln, als aus einer vermeintlichen Stärke heraus ohne Gott zu handeln. Ich möchte ohne Gebet nichts tun - zumindest nichts ohne Beziehung zu Gott.

»Not lehrt beten.« Auch in diesem - oft zutreffenden - Satz ist eine falsche Botschaft versteckt, nämlich die, dass ein Leben ohne Not kein Gebet braucht. Wir kennen das aus eigener Erfahrung: Wenn es uns gut geht, beten wir weniger. Aber es geht ja um Gemeinschaft mit Gott, und er will auch dann Gemeinschaft mit uns haben, wenn es uns gut geht. Außerdem könnte es uns ja auch noch besser gehen, die Dinge könnten besser gelingen oder wir könnten weniger Schaden anrichten. Darum sollten wir auch in guten Zeiten beten.

Nicht wir Menschen haben uns das Gebet ausgedacht, sondern es ist Gottes Idee.

Das größte Problem sind eigentlich nicht die Gebete, die nicht erhört werden oder deren Erhörung wir noch nicht sehen können, sondern die nicht gebeteten Gebete.

Aber auch ein über Jahre bewährtes Gebetsleben steht in der Gefahr zu verstauben, durch Widersprüche, Enttäuschungen und Konflikte. Das Gebet kann für bestimmte Themenbereiche ganz aus unserem Leben verschwinden. Eine Heilung unserer persönlichen Geschichte mit dem Gebet, unserer Gebetsbiografie, ist immer nötig.

Das wertvolle Geschenk des Gebets sollten wir uns nicht madigmachen lassen, nur weil es nicht unseren Vorstellungen entsprochen hat, was dabei herausgekommen ist. Gott ist in keinster Weise ein Automat, in den wir oben unser Gebet hineinwerfen, damit wir unten die Gebetserhörung herausziehen können.

Falsche Zeitvorstellungen

Ein häufiger Fehler ist, dass wir Gott unsere Zeitvorstellungen vorgeben und dann zu früh aufgeben. In unserer Instantgesellschaft muss immer alles ganz schnell gehen. Doch Gott schickt uns vielleicht keine Rakete als Gebetserhörung, sondern eine Schildkröte![21] Gebet ist ein Stück gemeinsamen Wegs mit Gott und kein Druck auf die Ja-Taste eines göttlichen Computers. Gott möchte uns seine Gedanken und seine Antwort offenbaren, wenn wir uns ihm anvertrauen.

Darum sollten wir uns ehrlich fragen: Geht es uns um das »ernstliche Gebet des Gerechten« (Jakobus 5,16 LUT), ein Gebet, das viel vermag, oder schicken wir nur einen Brief ab, der schnell beantwortet werden soll? Wenn wir auf die Raketen fixiert sind, bemerken wir die Schildkröten nicht, wenn sie ankommen. Vielleicht haben sich in unserem »Gebetsgarten« schon viele Schildkröten angesammelt, die wir gar nicht entdeckt oder einfach wieder vergessen haben.

Zu erspüren gilt es den Kairos, den richtigen Zeitpunkt. »Kairos« richtet sich nicht nach einem festgelegten Termin, sondern nimmt wahr, wann die Umstände, andere Aufgaben und die anderen Menschen bereit sind. »Als die Zeit dafür gekommen war«, heißt es in der Bibel, »sandte Gott seinen Sohn« (Galater 4,4). Und danach geschahen viele weitere umwälzende Dinge. Das Volk Israel hatte schon Jahrhunderte auf den Retter gewartet, aber Gott kannte den richtigen Zeitpunkt.

Das folgende Beispiel verdeutlicht, dass alles seine Zeit braucht: Eine Kfz-Werkstatt gehörte zwei Brüdern, zwei ziemlich rauen Gesellen. Als eine Frau ihnen von Jesus erzählte, machten sie sich darüber lustig. Aber immer, wenn diese Frau auf ihrem Weg zur Arbeit an dieser Werkstatt vorbeikam, segnete sie im Gebet die beiden Männer – über zehn Jahre lang. Vor acht Jahren hörte sie damit auf, weil sie nicht mehr an der Werkstatt vorbeikam. Im Sommer 2016 besuchte sie die Tauffeier eines Bekannten und fiel aus allen Wolken, als ihr plötzlich der Werkstattbesitzer in Taufkleidern entgegenkam. Begeistert erzählte er ihr, dass sein Bruder ebenfalls Christ geworden war. Gott hört, aber nach seinem Zeitplan!

Gott möchte vor allem Beziehung. Immer wieder zu dieser Beziehung zurückzukommen, ist ein wichtiger Aspekt unserer geheilten Gebetsbiografie. Nur weil manches nicht so läuft, wie wir es uns vorstellen, darf uns das nicht von Gott trennen. Unser Gebetsleben darf sich nicht den scheinbaren Gebetserhörungen anpassen und scheinbar nicht erhörte Gebetsanliegen dürfen sich nicht zwischen uns und Gott stellen.

Vor etwa zehn Jahren erkannte ich, dass ich bestimmte Themen aus meinem Gebetsleben ausgeklammert hatte, weil ich in dieser Hinsicht kein Vertrauen mehr hatte, dass sich etwas ändern würde, oder dass ich bei bestimmten Themen recht allgemein betete, um mich nicht festlegen zu müssen und dadurch überprüfbar zu werden. Mein Gebetsleben war am Verstauben. Im letzten Kapitel berichte ich, welche lebendigen Wege es gefunden hat.

Verletzungen durchs Gebet

Aber nicht nur, was unser Gebet bewirkt hat oder nicht, kann unser Gebetsleben dämpfen, sondern auch, welche Erfahrungen wir mit anderen beim Beten gemacht haben. Wurde auf uns Druck ausgeübt, haben wir andere unter Druck gesetzt, begleiteten Ablehnung und Lieblosigkeit manche Gebetserfahrungen oder mussten wir beim Beten etwas leisten, was uns Stress gemacht hat? Auf den Punkt gebracht: Wurden wir beim Beten verletzt oder haben wir andere verletzt?

Es kostet Zeit, sich diesen Fragen ehrlich zu stellen, zu vergeben und um Vergebung zu bitten, aber es lohnt sich, denn das Gebet ist einer der wichtigsten Aspekte unseres Lebens.

Übung: Unerfüllte Gebete

Stellen Sie sich eine markante Situation vor, in der Sie für ein bestimmtes Anliegen gebetet haben und augenscheinlich danach nichts passiert ist.

Was waren Ihre gedanklichen und gefühlsmäßigen Bewertungen der Gebetssituation damals?

Haben Sie Schlussfolgerungen für sich oder Ihr Gebetsleben daraus gezogen?

Tauschen Sie sich darüber heute mit einer zweiten Person aus.

Beten Sie, dass Sie hinderliche Gedanken und Gefühle gegenüber Gott und eventuell den von der Situation betroffenen Personen loslassen können.

Beten Sie um ein neues Vertrauen zu Gott und neuen Freimut im Gebet.

Unser Gebet wird bescheidener

Ich glaube, je länger wir im Glauben stehen, desto bescheidener beten wir. Ich kann offen zugeben, ob ich zweifle, im Kleinglauben bete oder mit geschenktem Vertrauen, ja, mit »Vollmacht«. Wir verstehen immer besser, dass die Gebetsgaben, wie alle Gaben, unterschiedlich verteilt sind: Ich muss nicht für alles gleich vollmächtig beten können. Jeder trägt nach dem Maß seiner Kraft und seines Glaubens mit.

Ich darf mir im Leib Christi die Gebetspartner suchen, die mich mit ihren Gaben ergänzen, so wie ich sie mit meinen. Keiner hat alles. Das ist eine Aufgabe für die nächsten Jahre, den eigenen Platz im Gebet zu finden und sich dabei von anderen ergänzen zu lassen.

Vertrauensvoll beten, dass Gott, Gott sei Dank, die Gebete als Gott erhört

Wer ist Gott? Wer sind wir? An vielen Stellen seines Wortes lädt Gott uns ein, vertrauensvoll zu beten. Wenn ich heute die Evangelien lese, lese ich immer noch, dass Gott verspricht, unsere Gebete zu erhören. Er selbst lädt uns ein, die ganze Sache mit dem Gebet – ich wiederhole mich gern – war seine Idee, nicht unsere. Diese Einladung macht er uns, weil wir als seine Mitarbeiter gedacht sind, weil wir als liebende Gegenüber geschaffen wurden.

Wenn es einen Gott gibt, der sich als Person offenbart hat, dann sollte es uns nicht verwundern, dass er das Gespräch mit uns sucht und uns helfen will, ihm dabei zu vertrauen. Auch nicht darüber, dass das nicht unbedingt sehr kompliziert sein muss, höchstens ungewohnt. Es gilt, zu vertrauen, dass »für Gott nichts unmöglich ist« (Lukas 1,37).

Gott »hat« alle Voraussetzungen, um alle Gebete zu erhören, und er hat nur eine Einschränkung: seine Liebe zu mir und zu anderen. Oder anders gesagt: Ich glaube, dass Gott, um meine Gebete zu erhören, nicht seine Liebe zu mir und zu anderen verraten würde. Das schränkt seine Vollmacht nicht ein, er kann tun, was er will, aber ich glaube, er will aus Liebe die Freiheit, die er uns geben wollte, eigene Entscheidungen frei zu treffen, nicht einfach übergehen, deshalb tut er es auch nicht. Gott behandelt uns nicht wie Marionetten. Deshalb sollten wir beten.

»Mehrspuriges« Gebet

Wenn wir Gott um etwas bitten, kann uns ein weiterer Fehler unterlaufen: Wir glauben, dass bei ihm nur das ankommt, was den Inhalt unserer Worte ausmacht. Aber Kommunikation ist mehr. Auch wenn zwei Menschen sich unterhalten, kommt mehr an. Wir hören nicht nur den Inhalt, wir hören und sehen auch die Mimik, die Gestik und den Tonfall. So hören wir mehr, als gesagt wurde, und auf diese ganze Botschaft reagieren wir.

Sehr bekannt ist das Vier-Ohren-Modell von Schulz von Thun[22]: Wenn wir etwas sagen, teilen wir immer vier Botschaften mit, wie gesagt, nicht nur mit Worten, und der andere hört immer vier Botschaften, die aber nicht mit den meinen übereinstimmen müssen: wer ich bin, wer er in meinen Augen ist, worum es geht und was ich erwarte.

Gott hört - er hat ja letztlich die »vier Ohren« geschaffen - ebenfalls meine vier Botschaften, die ich immer sende:
- wer ich vor ihm bin oder sein will
- was ich von ihm halte und ihm zutraue
- den Inhalt, also das, worum ich bitte
- was ich eigentlich erwarte, was er tun sollte

Im Gegensatz zu uns Menschen versteht Gott genau, welche Botschaften ich tatsächlich sende. Und natürlich reagiert Gott dann auch auf diese vier Botschaften und nicht nur auf die objektive Bedeutung der formulierten Worte.

Wenn das so ist - und das klingt doch recht einleuchtend -, könnte das nicht eine Ursache dafür sein, dass wir manchmal glauben, dass Gott unsere Gebete nicht erhört? Weil er nicht nur auf den Inhalt antwortet, sondern auf alle vier Aspekte gleichzeitig, was wir aber nicht erkennen?

Lautet ein Gebet zum Beispiel: »Bitte, Herr, schenke mir ein Fahrrad, mein altes ist kaputt!«, wie wird Gott dann reagieren?

Er könnte einen Motorroller schenken, weil er herausgehört hat, dass dies der eigentliche Wunsch ist, der Beter aber nicht gewagt hat, darum zu bitten.

Er könnte dem Beter auch eine Reparaturanweisung für das alte Fahrrad zukommen lassen, weil er verspürt, dass dieser zu faul ist oder sich zu ungeschickt fühlt, um das alte Fahrrad zu reparieren.

Vielleicht schenkt er aber auch einen neuen Arbeitsplatz, damit der Beter genügend Geld für ein neues Fahrrad beiseitelegen kann.

Oder er schickt jemanden, der dem Beter ein Fahrrad schenkt, gebraucht oder neu, schön oder nicht.

Gott kennt uns viel besser als wir selbst. Die Folge dieser Erkenntnis ist Vertrauen und Hingabe: Gott weiß besser als ich, was ich brauche, weil er mich besser versteht und mehr liebt.

Lange gewartet

Als wir uns ein eigenes Haus kaufen wollten, wünschten sich unsere Kinder, dass dieses in der Straße stehen sollte, in der wir schon wohnten. Tatsächlich stand ein Haus zweihundert Meter weiter zum Verkauf und wir sprachen die Besitzerin an, die wir vom Sehen kannten. Sie sagte sofort, dass sie uns das Haus gern verkaufen wollte, aber sie war noch zwei Monate bei einem Makler unter Vertrag und an diesen sollten wir uns wenden. Das wollten wir wiederum nicht, da es durch die Gebühren deutlich teurer geworden wäre. Daher vereinbarten wir mit ihr, dass wir das Haus kaufen würden, wenn der Vertrag mit dem Makler abgelaufen war und sie bis dahin keinen Käufer hatte.

Wir beteten wie die Weltmeister, dass der Makler das Haus nicht verkaufen würde und wir es dann ohne Maklergebühren bekommen könnten. Die Zeit verstrich, es fand sich kein Käufer und wir wurden uns immer sicherer: Auf unseren Gott ist Verlass! Doch dann, am Abend bevor der Vertrag ablief, gelang es dem Makler, das Haus an die direkten Nachbarn zu verkaufen. Damit hatten wir nicht gerechnet. Ich kann nicht mehr sagen, wie wir uns fühlten.

Bald darauf hörten wir, dass das Haus zu vermieten sei, und mieteten es. Als wir darin wohnten, merkten wir, dass viele Reparaturen in diesem Haus anstanden, mit denen wir ziemlich überfordert gewesen wären. Nun musste der Besitzer die Kosten dafür tragen.

Scheinbar nicht erhörte Gebetsanliegen dürfen sich nicht zwischen uns und Gott stellen.

Als einige Jahre später der neue Besitzer verstarb, wollten wir das Haus wieder kaufen. Wir dachten, dass Gebetserhörungen manchmal einfach etwas länger dauern. Dann stellte sich jedoch heraus, dass dieses Haus für eine Familie mit sechs Kindern für eine öffentliche Förderung zu klein war, und so begruben wir unseren Wunsch, dieses Haus zu kaufen, endgültig.

Mit dem nächsten Haus erging es uns ähnlich. Intensives Beten, Zusage der Besitzer, doch beim Notar, kurz vor der Unterschrift, platzte der Deal.

Schließlich kauften wir ein anderes Haus. Dort wohnen wir nun seit dreißig Jahren. Es liegt in der gleichen Straße, hundertfünfzig Meter den Berg hoch, fast direkt neben dem Haus, in dem wir am Anfang gewohnt haben. Wir sind sehr, sehr glücklich über unser Haus und seinen wunderbaren Garten. Wenn wir an den beiden anderen Häusern vorbeigehen, freuen wir uns, dass wir diese nicht bekommen haben, zum Beispiel auch, weil zur Haustür ein langer Weg den Berg hinaufführt, was jetzt im Alter wohl zu beschwerlich werden könnte.

Gebetserhörung als Einladung für einen gemeinsamen Prozess

Ein weiterer Gedanke: Wir hätten meistens gern ein komplettes Ja auf unser Gebet, aber oft gibt Gott einen Anfang und dann ist es unsere Aufgabe, mit Gottes Hilfe weiterzugehen.

Wenn jemand dringend eine neue Wohnung braucht und dafür am Samstagabend betet, dann kann er unterschiedliche Erwartungen haben. Für einen feurigen jungen Christen wäre es vielleicht typisch, zu erwarten, dass sich am Sonntagmorgen im Gottesdienst jemand neben ihn setzt, der am Ende fragt, ob er nicht jemand wüsste, der eine Wohnung sucht. Manchmal kann es wirklich so sein. Aber vielleicht sieht die Gebetserhörung auch ganz anders aus.

Vielleicht blättert die Person, nennen wir sie Peter, die nächste Woche die Wohnungsanzeigen in der Tageszeitung durch oder sucht im Internet, aber sie findet kein passendes Angebot. Am Freitag trifft Peter dann nach Jahren einen alten Schulfreund. Gerade als sie auseinandergehen wollen, fühlt er sich vom Geist Gottes gedrängt, den Schulfreund zu fragen, ob er nicht eine Wohnung wüsste, die frei wird. Und tatsächlich, nach einigem Überlegen kann er Peter die Adresse eines Freundes geben, der gerade ausziehen will. Diesen Freund kann Peter aber telefonisch nicht erreichen. Als er schon aufgeben will, betet er wieder, dann klappt es endlich. Die Wohnung gefällt ihm und passt genau. Aber der Vermieter hat schon mehrere Bewerber. Wieder heißt es beten. Und schließlich bekommt Peter die Wohnung.

Gott gibt manchmal einen Anfang als Antwort auf unser Gebet und manchmal alles. Er geht einen Schritt, mal groß, mal klein, dann gehen wir den unseren, dann wieder er und so weiter, und am Ende haben wir, wie im Beispiel, unsere Wohnung.

Über allem aber sehnt Gott sich danach, dass wir ihn besser kennenlernen und uns selbst. Auch das passiert im Beispiel, inklusive Wohnung.

Beten mit Spagat

Den alten Schatz des Gebets zum Edelsteinfunkeln zu bringen, meint bescheidener und wirkmächtiger zu beten, und das mit zwei Grundhaltungen:

zunächst ganz konkret zu beten, und das mit meiner ganzen Existenz, ernsthaft, vertrauensvoll, lernend, Ergänzungen suchend.

Anschließend heißt es, alles so, wie Gott es im Einzelnen führt, anzunehmen, mit meiner ganzen Existenz, ernsthaft, vertrauensvoll, lernend, weil er mich in seiner Liebe besser versteht als ich selbst und weil er nicht nur mich liebt, sondern auch all die Menschen in meinem Umfeld, die nicht nur Marionetten sind, sondern ebenfalls liebevolle Gegenüber Gottes, mit ihrer eigenen Freiheit.

Gott gibt das Passende

Ich habe gelernt, erfahren und bin überzeugt, dass Gott alle Gebete erhört, wenn auch nicht so, wie ich es mir vorstelle. Gott gibt immer das Passende, und zwar nicht nur für mich, sondern für alle und für alles! Er ist Gott. Nichts ist ihm unmöglich.

Nehmen wir noch einmal das Beispiel mit dem Fahrrad. Vielleicht hat Gott herausgehört, dass ich mir eigentlich einen Motorroller wünsche, aber es mich nicht zu sagen traue. In seiner Größe und Liebe würde er mir das gern geben, aber gleichzeitig weiß er auch, dass die Nachbarn dafür beten, dass die Lärmbelästigung in unserer Straße zurückgeht, und Gott weiß auch um die Feinstaubbelastung unserer Stadt. Was jetzt?

Gott kennt mich durch und durch, besser als ich mich selbst, und er weiß, dass mein Wunsch nach einem Motorroller ein alter Wunsch ist, aus meiner Jugendzeit, als ich die Motorroller in Italien bestaunte und das Lebensgefühl dort bewunderte. Mit anderen Worten, eigentlich wünsche ich mir dieses jugendliche Lebensgefühl. Und das zu erfüllen, steht nun nicht im Widerspruch zum Gebet der Nachbarn und dem Feinstaub in unserer Stadt.

Ich kann mir gut vorstellen – in diesem ausgedachten Beispiel –, dass Gott mir einen Urlaub in der Toskana schenkt, wo ich dann mit einer geliehenen Vespa durch die lauen Sommerabende brause, mich Jahrzehnte jünger fühle und gleichzeitig merke, dass das auch Gestank macht und Lärm, was ich mir für zu Hause überhaupt nicht vorstellen kann und wünsche.

Ich rechne damit, dass Gebete konkret erhört werden, aber nicht »oberflächlich«, sondern in ihrer Tiefenbedeutung und zum Segen aller.

> Gott erhört alle Gebete, indem er das Passende gibt, nicht nur für mich, sondern für alle und alles!

Wenn es um existenzielle Fragen geht und nicht um Fahrräder oder unerfüllte Jugendträume, ist es schwieriger, dies zu erkennen und anzunehmen. Ich musste zum Beispiel miterleben, wie die Ehefrau eines Kollegen und Mutter von fünf Kindern an Krebs verstarb, trotz anhaltender Gebete mit ihr und für sie.

»Gott gibt das Passende«, wie passt das hier? Hier verstummen unsere Antworten. Falls die Angehörigen fragen: »Warum, Herr?«, kann ich nur ihr Fragen unterstützen und hoffen, dass sie weiter auf Gott vertrauen, auch wenn sie es nicht verstehen.

Aber diese offenen Fragen, die es geben wird, sind nicht die Norm. Sie sollten uns nicht grundsätzlich zum Schweigen bringen und grundsätzlich unser Gebet mit Erwartung infrage stellen. Sie machen unser Gebet nur bescheidener!

Ich gestehe, dass ich in den ersten Glaubensjahren davon überzeugt war, dass Jesus jeden immer von einem Minus im Leben (Dauerkrisen, Erkrankungen, Familienkonflikte, Hoffnungslosigkeit, ...) ins Plus bringt, und das nicht nur ein bisschen, sondern dass er unser Leben vollkommen wiederherstellt und uns zum Segen setzt.

Das glaube ich so nicht mehr. Was ich heute glaube, demonstriert die folgende Grafik.

Abstufungen der erfahrbaren Hilfe Gottes:

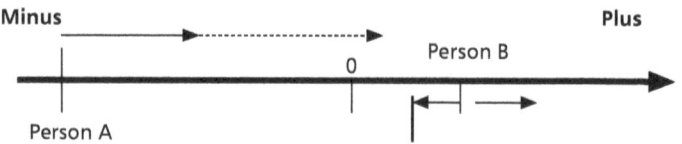

Hoffnung – Besserung – Heilung – Schutz – Wachstum – Geben + Teilen

Die Hilfe von Jesus wird in verschiedenen Abstufungen erfahrbar, aber sie wird erfahrbar! Hoffnung entsteht, Besserung wird sichtbar, Heilung geschieht, wir wissen uns geschützt, Wachstumsschritte geschehen, und wir fangen an, uns wieder um andere zu kümmern.

Dies alles sind Schritte vom Minus in Richtung Plus. Aber der Ausgangspunkt ist nicht unwichtig, wie stark eine Person A sich im Minus befindet oder eine Person B bereits im Plus-Bereich des Lebens steht, wenn sie sich auf die Reise mit Jesus begibt. Seine Hilfe kann auch sein, uns »nur« davor zu schützen, weiter in Richtung Minus abzurutschen.

Das neue Leben in Jesus wird sich uns mitteilen, ob es sich nun als Hoffnung sichtbar zeigt, als Besserung oder vielleicht sogar als Heilung. Und es lässt uns weiterwachsen zu einem Lebensstil der Liebe im Teilen und Geben an andere.

Das vertrauensvolle Gebet wird zu einem Kieselstein mit Edelsteinglanz in unserer Hand gegen die Goliaths unseres Lebens und unserer Zeit.

Die Erfahrung von Gottes Hilfe kann auch in den für uns kleinen Schritten intensiv sein, unser Vertrauen stärken. Das vertrauensvolle Gebet wird zu einem Kieselstein mit Edelsteinglanz in unserer Hand gegen die Goliaths unseres Lebens und unserer Zeit.

Edelsteinglanz kommt aber auch von den neuen, bisher unbekannten Schätzen unseres Glaubens, und das sind viel mehr, als wir denken, allen voran (wieder) die Liebe.

4. Neue Schätze leuchten am Horizont

Wenn ich mir das letzte Kapitel von den alten Schätzen noch einmal durchlese, bietet es schon so viele Zukunftsperspektiven, ist voller bekannter und unbekannter Herausforderungen – eigentlich könnte ich dieses Buch damit für mich schon abschließen.

Die erste Liebe! Immer mehr davon! Immer mehr jeden Augenblick meines Lebens vor dem Hintergrund ihrer ständigen Gegenwart verstehen! Mehr davon! Geistesgaben, Gottes Versorgung, kindliches Vertrauen ... all das wieder ausgraben, polieren, zum Leuchten bringen und die Früchte bestaunen!

Aber Jesus führt uns noch weiter, er sagt: »Jeder Schriftgelehrte, der in der Schule des Himmelreichs ausgebildet ist, gleicht einem Hausherrn, der aus seinem reichen Schatz Neues und Altes hervorholt« (Matthäus 13,52).

Wir sollen und dürfen auch Neues hervorholen, das wir erst jetzt, nach zwanzig oder dreißig Jahren Christsein, hinter dem Horizont leuchtend als neue Perspektiven entdecken können. Weitergehen, nicht nur die alten Schätze tiefer entdecken, sondern neue und mehr. Näher. Schöner. Weiter..

Das Beste liegt vor uns

Robert Clintons Buch aus dem Jahr 1992 »Der Werdegang eines Leiters, Lektionen und Stufen in der Entwicklung zur Leiterschaft« ist eine Quelle des Wissens nicht nur für Leiter, sondern überhaupt für die Glaubensentwicklung von Christen.

Clinton war Professor am Fuller Seminary in den USA und untersuchte über sechs Jahre die Biografien von Leitern aus Bibel, Geschichte und Gegenwart. Daraus kristallisierte sich für ihn ein grundlegendes göttliches Konzept mit fünf bis sechs typischen Phasen heraus:
- Phase 1: Grundlagen – Das göttliche Fundament
- Phase 2: Wachstum – Das persönliche Wachstum
- Phase 3: Dienstreife – Die Dienstreifung
- Phase 4: Lebensreife – Die Lebensreifung
- Phase 5: Konvergenz – Konzentration und Freisetzung
- Phase 6: Nachklang – Nachklang und Nachfeier

Allgemein gilt: Gott wirkt lebenslang an uns, um uns in das Ebenbild Christi umzugestalten, hinzuführen zu einem geistlichen Dienst mit Vollmacht, wobei Gottes Maßstab nicht zuallererst Erfolg und Produktivität ist, sondern Charakterschulung.

Im Zusammenhang mit den »neuen Schätzen« geben Clintons Phasen vier bis sechs interessante Impulse.

In Phase 4, der *Lebensreife*, entwickeln wir ein Gespür für Gottes Prioritäten. Wir dienen mehr aus dem Sein, mit abgeklärtem Charakter. Die Gemeinschaft mit Gott ist wichtiger als der direkte Dienst. Reifer Dienst ergibt sich aus einem reifen Charakter, der durch »schwierige« Prozesse entsteht. Solche Prozesse sind vor allem: Isolation (zum Beispiel durch Krankheit), Konflikte und Lebenskrisen.

Die Phase 5, *Konvergenz*, führt zur Konzentration und Freisetzung. Wir sind frei von Diensten, die nicht den eigenen Gaben entsprechen. Der Dienst ist gekennzeichnet von Vertrauen, Ruhe und Abwarten. Es ist ein Dienst, bei dem alles Bisherige zum Tragen kommt und wir eine Dienstphilosophie entwickeln. Ich setze andere frei zum Dienst. Trotzdem bilde ich mich weiter.

In der Phase 6, *Nachklang und Nachfeier*, erfahre ich Anerkennung und indirekten Einfluss auf breiter Ebene.

Auch wenn es sich bei Robert Clintons Phasen um die Ergebnisse einer Analyse von Leiterbiografien handelt, habe ich für mich zahlreiche Anstöße erhalten. Vor allem eines ist bei mir hängen geblieben, nämlich dass das Beste noch vor uns liegt.

Außerdem wird es eine Tiefe im bisher Gewohnten geben, die das Verstauben des Alten verhindert, die genau das Gegenteil bewirkt, eine jugendliche Frische.

»Das Beste liegt noch vor uns« – das macht mir Mut, auch nach Jahren noch neue Schätze zu entdecken und aufzugreifen. Es ist längst nicht »alles gelaufen«, auch nichts »verpasst«.

In diesem Kapitel stelle ich einige Schätze vor, die ich persönlich neu entdeckt habe und mit denen ich anfange, Erfahrungen zu machen.

Ich bin gespannt, welche neuen Schätze ich außer diesen noch entdecken werde. Ich bin aber auch neugierig, welche neuen Schätze andere entdecken, denn es werden wahrscheinlich andere sein. Je länger wir im Glauben leben, umso persönlicher und einzigartiger wird unser Weg mit Gott. Auch wenn uns ein gemeinsames Fundament trägt, wir wagen das Leben, das jeder nur selbst leben kann, an der Hand Jesu.

Lassen auch Sie sich ermutigen, Ihre neuen Schätze zu entdecken!

Ein Ermutiger werden

Ich hoffe, der erste neue Schatz, den ich sehr schätze und gern aufleuchten lasse, kommt Ihnen gleich zugute: Ich bin dabei zu lernen, ein Ermutiger zu werden.

> Ein strahlender Blick erfreut das Herz, und eine gute Nachricht stärkt die Glieder.
>
> *Sprüche 15,30*

Bei einem Seminar zum Thema Ermutigen stellte ich immer wieder die Aufgabe, dass jeder Teilnehmer eine ihm zugeteilte Person bis zum späten Nachmittag dreimal ermutigen sollte. Dabei wusste niemand, wem er zugeteilt worden war. Am Spätnachmittag tauschten wir uns über die Erfahrungen mit dieser Übung aus. Es gab immer zwei Gruppen unter den Teilnehmern, die einen, die diese Aufgabe angepackt und auch erledigt hatten, und die anderen, die sie nicht angepackt hatten, weil sie ihnen zu künstlich erschien. »Wie kann man jemanden ermutigen, den man kaum kennt?« war ihr auf den ersten Blick verantwortungsvoll klingendes Argument.

Wenn ich aber genauer hinschaute, bestand die Gruppe der Ermutiger größtenteils aus Leuten mit einem sozialen Beruf, wie zum Beispiel Erzieher. Die andere Gruppe, die nicht ermutigt hatte, setzte sich mehr aus Personen mit technischen oder verwalterischen Tätigkeiten zusammen, wo Loben oder Ermutigen keine berufliche Aufgabe ist.

> Das Ermutigen saugen wir nicht mit der Muttermilch ein, sondern eher die alte Großmutterweisheit: »Solange man nicht meckert, ist alles in Ordnung.«

Mit anderen Worten, das Ermutigen saugen wir hier in Deutschland nicht mit der Muttermilch ein, sondern eher die alte Großmutterweisheit: »Solange man nicht meckert, ist alles in Ordnung.« Zitierte ich diese »Weisheit«, nickten die Teilnehmer: »Ja, das kennen wir!«

Nichts sagen und nicht kritisieren ist aber noch keine Ermutigung! Ermutigen heißt aktiv Mut in jemanden hineinlegen! In anderen Kulturen gehört das eher zum Alltag als bei uns, aber auch wir können es lernen.

Über Mauern springen

Ermutigung ist wichtig, um ein Ziel nicht aus den Augen zu verlieren. Dafür ist es zunächst wichtig, zu verstehen, wie der Weg zu einem bestimmten Ziel aussieht. Wie kommt Ihrer Ansicht nach eine Aufgabe, die Sie übernommen haben, vorwärts, wie läuft sie ab – zum Beispiel die Verantwortung für die Gemeindewebsite oder das Ziel, ein eigenes Haus zu bauen?

Denken Sie: »Mit meinem Gott kann ich über Mauern springen« (Psalm 18,30), oder: »Ich kam, sah und siegte« (Caesar)? Vielleicht so wie in der folgenden Grafik?

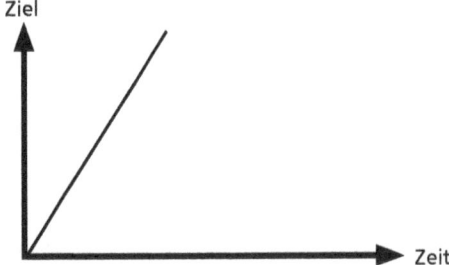

Die Grafik stellt den Gedanken dar: Mit Gott an meiner Seite ist mir nichts unmöglich und in kürzester Zeit bin ich am Ziel. Juhu! Ja, so kann es manchmal sein: Halleluja! Aber die aktuelle Wirklichkeit, in der das Vollkommene erst noch kommen wird, sieht meistens eher so aus:

Zunächst geht es wirklich vorwärts. Diesen Anfangserfolg brauchen wir als Motivationsschub. Zum Beispiel zeigt die Psychotherapieforschung, dass eine therapeutische Behandlung ohne Anfangserfolg keine gute Prognose besitzt.

Ich persönlich glaube, dass diese Wirkung des Anfangserfolgs göttliche Schöpfung ist. Aber wir dürfen sie nicht überbewerten, so wie ich in jungen Glaubensjahren: Hörte ich Berichte über (Anfangs-)Erfolge - zum Beispiel bei geistlichen Projekten, lebensverändernden Erfahrungen von »Neubekehrten« oder Auswirkungen von Konferenzen -, neigte ich dazu, sie so zu verstehen, als seien die Erzähler bereits in einem Schwung am Ziel angekommen. Aber das stimmte nicht. Es war tatsächlich genial, was da alles passiert war, aber es ging danach noch weiter. Anfangserfolge sind nicht der ganze Prozess.

Zurück zur Grafik, die in ihrer Vereinfachung ein paar wesentliche Phasen abbilden soll. Nach einem Anfangserfolg geht es nicht mehr aufwärts, eine Verflachung stellt sich ein – scheinbarer Stillstand. Enttäuschung kann sich breitmachen. Wir übersehen, dass es vielleicht um eine Stabilisierung des gewonnenen Fortschritts geht, die ihre Zeit braucht.

Und dann erleben wir sogar Rückfälle oder Einbrüche. War alles umsonst? Habe ich das Gute wieder verscherzt, zerstört?

Ein Spruch aus der Suchtberatung passt hier besonders gut: Jeder Rückfall ist ein Fortschritt, wenn er nicht dazu führt, dass man aufgibt.

Wir können uns nach einem Rückfall oder Einbruch wieder aufrappeln, nach einigem Auf und Ab sind wir dann wieder auf dem bereits gewonnenen »Niveau« angekommen.

Und dann kracht es nochmals richtig. Hoffnungslosigkeit kann uns erfassen. In uns schreit es: »Aufgeben!«, »Wie konnte ich mich nur darauf einlassen!«

Bleiben wir aber wiederum dran, dann geht es doch weiter, und wir staunen. Wir erleben sogar einen neuen Zugewinn, der sich dann wieder stabilisieren muss usw.

Jeder Rückfall ist ein Fortschritt, wenn er nicht dazu führt, dass man aufgibt.

Sehen Sie, wie häufig in diesem Prozess Ermutiger nötig sind und guttun können?

Entmutigt?

Ein entmutigter Mensch neigt dazu, beim kleinsten Hindernis aufzugeben, weil er sich nicht zutraut, das Hindernis oder vermutete Hindernisse zu überwinden. Damit kann er nicht die nötige Motivation entwickeln, Schwierigkeiten wirklich anzupacken oder zu bewältigen. So scheuen entmutigte Menschen davor zurück, sich auf unbekanntes Terrain einzulassen, vermeiden Veränderungen und Verantwortung und entscheiden sich für Sicherheit.

Entmutigte Menschen sind gefährdet, ihr Leben nach dem Motto auszurichten: »Nimm dir nichts vor, dann schlägt dir nichts fehl.«

Solche Menschen wünschen wir uns nicht, nicht an unserer Seite, nicht als unsere Kinder und nicht als Mitarbeiter Gottes.

Ermutigt

Mut macht den Menschen bereit, Aufgaben zu übernehmen. Er macht aus einer bedrohlichen Aufgabe eine herausfordernde.

Mut hilft, die eigenen Fähigkeiten zu entdecken und auszubauen.

Mut ermöglicht es, Entdeckungsdrang und Forschergeist zu entwickeln und Neugierde auszuleben.

Mut gibt Kraft und Schwung, die Aufgaben, die sich stellen, auch tatsächlich in Angriff zu nehmen und Widerstände zu überwinden.

Jeder Mensch braucht Ermutiger, Personen, die ihm mehr zutrauen als er selbst, die diesen Mut in ihn hineinsprechen. Und wir brauchen auch Mutmänner und Mutfrauen als Vorbilder.

Mut im ICE

Vor ein paar Jahren saß ich in einem vollen ICE-Großraumwagen. Vorne saß eine Gruppe junger Leute. Aus dem Augenwinkel konnte ich beobachten, dass eine der Jugendlichen versuchte, ein Schild über ihrem Sitz abzumontieren, was ihr aber nicht gelang. Meine ganze Aufmerksamkeit erhielt sie, als sie sich (mit Schuhen) auf ihren Sitz stellte, aus ihrem Rucksack ein langes Fahrtenmesser herausholte und damit ihre Bemühungen fortsetzte.

Ich schaute mich um: Keiner schien etwas zu bemerken, jeder versank hinter seiner Zeitschrift, seinem Laptop, seinem Handy. Das ganze Abteil lag in einem großen Schweigen, außer den Jugendlichen, die ihre Abgeordnete anfeuerten.

War ich der Einzige, dem das auffiel? Unmöglich! Aber niemand signalisierte irgendwie Aufmerksamkeit. Sollte ich aufstehen, diese Tat von Vandalismus unterbinden?

Doch was würde dann passieren? Die Gruppe war wohl angetrunken oder high. Würde sie das Messer ...? Warum sollte gerade ich aufstehen? Was geht mich das Eigentum der Bahn an?

Während ich noch diese inneren Dialoge führte, sah ich, wie sich weiter vorne ein Mann erhob, zu dieser Gruppe hinging, irgendetwas sagte und ruhig seine Hand auf die Schulter der Täterin legte. Diese gab sofort auf und setzte sich hin. Gerade wollte ich meinem mutigen Zeitgenossen Applaus klatschen, als mir auffiel, dass das Abteil weiter schwieg: Niemand zeigte eine Regung. Aber letztlich war auch ich sitzen geblieben. Er war der Mutmann!

Ein Ermutiger versprüht Zuversicht, weil er den Wert von Zuversicht erkannt hat.

Warum war er so mutig? Vielleicht hatte er mutige Menschen als Vorbild. Vielleicht wurde er selbst viel ermutigt. Auf jeden Fall handelte er.

Ermutigung und Zuversicht

Ich selbst habe in meinem Leben nicht viel Ermutigung erlebt, geschweige denn, dass ich jemanden als meinen Ermutiger bezeichnet hätte. Gott sei Dank habe ich aber auch keinen Entmutiger kennengelernt. So war ich häufig auf meine Selbstermutigung »angewiesen« und auf das Vertrauen, dass Gott mit mir ist. Je mehr mir auf meinem Weg gelang, umso unabhängiger schien ich von externer Ermutigung zu werden – *schien*, denn wenn ich wirklich einmal bewusst als Person von jemandem ermutigt wurde, spürte ich, wie gut mir das tat.

Ein Ermutiger versprüht Zuversicht, weil er den Wert von Zuversicht erkannt hat. Das tut gut.

Es kommt auf die Ausdauer an

Dass wir andere bestärken sollen, ist ja nichts Neues. Der neue Schatz für mich ist, Ermutigen als verantwortungsvolle Aufgabe zu verstehen. Denn wir Menschen brauchen für so vieles Ausdauer und für diese Ausdauer Ermutigung! Energie, Begeisterung, Klarheit gehen uns verloren, wir verlieren das Ziel aus den Augen oder wollen es erreichen, ohne alle notwendigen Aufgaben dafür zu erledigen. Ein Ermutiger hilft, am Ziel anzukommen.

Beispielsweise müssen wir Kompetenz erwerben und anwenden können, um Ziele zu erreichen: für die Gemeindearbeit, die berufliche Entwicklung, Ehe und Familie.

Diese Kompetenzentwicklung kostet zuerst einmal Zeit, die ich investieren muss, ohne dabei gleich zu »ernten«, also ohne von Erfolgen weiter motiviert zu werden. Diese Zeit ist viel Übungszeit, die manchmal langweilig, manchmal zäh, selten beglückend ist. Der Rückblick nach Jahrzehnten kann uns lehren, dass es sich gelohnt hat, trotz allem inneren und äußeren Widerstand nicht aufzugeben.

Ein Fazit wird sein: Es kommt auf die Ausdauer an (wie Jesus schon im Gleichnis vom vierfachen Ackerboden betont). Es gibt viele begabte Leute, aber Begabung allein macht es noch nicht. Die Personen, die durchhalten, schaffen Frucht. Und sie können manchen Kompetenzmangel durch Zeit und durch Beharrlichkeit ausgleichen. Für diese Ausdauer braucht es Ermutigung.

Erinnern Sie sich noch an die Verhüllung des Berliner Reichstags 1995, ein Kunstprojekt des Künstlerehepaars Christo und Jeanne-Claude?

Wussten Sie, dass die beiden über zwanzig Jahre an diesem Projekt gearbeitet hatten? Dass es dreimal von den jeweiligen Bundestagspräsidenten abgelehnt wurde? Sie gaben trotzdem nicht auf.

Dieses dreizehn Millionen teure Kunstwerk beschäftigte zig Firmen, ein Heer von Mitarbeitern inklusive der neunzig professionellen Kletterer, die die Verhüllungsarbeit vornehmen mussten, da die Künstler Gerüste und Kräne ablehnten.

Welch eine Ausdauer für eine Kunstidee, von der nicht einmal Fotos gemacht werden durften, die also vergänglich sein sollte!

Haben sich Christo und Jeanne-Claude gegenseitig ermutigt?

Wenn unser Glaube in die Jahre kommt, macht uns das für die Aufgabe »Ermutiger« besonders geeignet. Wir haben nach Jahrzehnten Christsein vermutlich die Lebenserfahrung gemacht, dass es neben dem Segen Gottes vor allem darauf ankommt, nicht aufzugeben. Wir sind vielleicht weniger auf eigene Ziele fixiert als früher, haben hoffentlich schon genug Ziele erreicht, Ziele, die erstrebenswert und wertvoll waren, und können den Wert von grundsätzlicher Motivation, Anstrengungsbereitschaft und Ausdauer viel besser einschätzen.

Bei manchem ist es uns nicht mehr so wichtig wie früher, dass wir es selbst machen. Muss ich zum Beispiel Lobpreisleiter sein und bleiben? Lassen wir doch die Jüngeren ran, aber sprechen wir ihnen Mut zu. Das gibt ihnen Zuversicht und Kraft, damit sie nicht aufgeben, wenn es nicht so klappt wie gedacht, wenn Schwierigkeiten auftauchen oder Kritik.

Nicht nur Zielerreichung anerkennen

»Der Weg ist das Ziel«, das haben Sie sicher schon einmal gehört. Ich mag diesen Satz eigentlich nicht, weil es doch auch darauf ankommt, ein Ziel außerhalb des Weges zu haben. Aber eines stimmt: »Der Weg ist *auch* ein Ziel.«

Am leichtesten fällt es uns, jemandem Anerkennung auszusprechen, wenn er sein Ziel erreicht hat. Aber auch der Weg dorthin, die Anstrengung, der Einsatz, ja sogar die Bereitschaft und jede Teilzielerreichung, ist es wert, geachtet zu werden. Das ermutigt, damit auch das Hauptziel erreicht werden kann. Und wenn wir scheitern? Dann können wir trotzdem die Anstrengungen auf dem Weg anerkennen und dazu ermutigen, neue Ziele anzugehen. Nicht jedes Ziel wird erreicht. Für US-Amerikaner ist es beispielsweise ganz normal, mit Projekten zu scheitern, sie fangen dann trotzdem wieder an – während es für Deutsche typisch ist, sich dann als Versager zu fühlen und aufzugeben. Dadurch wird viel Potenzial verschenkt.

Machen Sie Anerkennung und Ermutigung zu einem Hauptbestandteil Ihrer Kommunikation.

Zu den menschlichen Hausaufgaben im vibrierenden Alltag gehört es auch, Kritiktendenzen bewusst durch Barmherzigkeit zu ersetzen. Als reife Christen haben wir hoffentlich gelernt, hilfreich zu ermahnen, statt zu nörgeln. Das macht unsere Anerkennung kostbar, weil der andere nicht mehr ein leises Aber heraushört oder versteckte Unzufriedenheit und Ängste.

Bestätigen Sie die anderen, dass sie das schaffen werden, was sie sich vorgenommen haben! Selbstzweifel finden sie von allein. Zeigen Sie auf, wenn sie auf dem Weg etwas gut gemacht haben. Machen Sie Anerkennung zu einem Hauptbestandteil Ihrer Kommunikation!

Ist es auch für Sie dran, ein Ermutiger zu werden? Sie werden gebraucht! Werden Sie Rückenwind!

Wer hält dir den Rücken frei?

*Wer steht hinter dir,
wer hält dir den Rücken frei?
Ist es kalt dort oder heiß?*

*Oder weht dort ein vertrauter Wind,
der dich kühlt und wärmt,
wie du es brauchst,*

*der all das Gute deiner Jahre bündelt,
wie ein Rebstock seine Ernte
Jahr um Jahr,*

*der als Rückenwind
dir Mut gibt
für den nächsten unbekannten Schritt?*

*Es gibt diesen Wind,
der immer wieder das Gesicht
von Menschen trägt,*

*der auch gerne an deren Stelle spricht:
Geh voran, ich steh zu dir,
Ich, dein Gott, von Anfang an.*

Ermutigung geschieht nicht nur mit unseren Worten, sondern auch durch unser Da-Sein und Dabei-Sein: Geistliche Elternschaft zeichnet sich am Horizont ab.

Auf dem Weg zur geistlichen Elternschaft

Mir stehen zwei Ehepaare vor Augen, die ich als geistliche Eltern bezeichnen würde. Ich staune, wie sie Menschen anziehen und im Glauben begleiten, auch wie sie dafür neben ihrer Familie und dem sonstigen Alltag Zeit bereitstellen.

Einer der beiden geistlichen Väter, Martin, beschreibt verschiedene Eigenschaften von geistlicher Elternschaft. Unter anderem betont er, dass, wer Vater oder Mutter sein will, erst einmal ein *Kind Gottes* sein muss. Das bedeutet, das Wesen des himmlischen Vaters zu kennen und »anzuziehen«, eine eigenständige persönliche Spiritualität zu entfalten, loslassen zu können, das weite Herz Gottes zu bekommen und eine lebendige Hoffnung zu sein. Dazu gehört auch, dass man Krisenzeiten gewinnend durchlebt und die Erfahrung gemacht hat, dass man selbst begrenzt ist. Ich kenne Christen, die diese Eigenschaften erworben haben, auch wenn sie selbst beteuern würden, dass sie noch Lernende auf diesem Weg sind.

Manchmal höre ich die Botschaft oder die Erwartung, dass jeder, der ins geistliche Alter kommt, ein geistlicher Vater oder eine geistliche Mutter werden sollte. Aber das stimmt so nicht. Ich würde mich beispielsweise nicht als geistlichen Vater bezeichnen, bin dagegen gern ein Pionier, der neue Projekte anpackt und andere mit hineinnimmt. Bei den geistlichen Eltern kommen wir zur Ruhe, tanken Kraft, Zuversicht und Mut. Bei mir dagegen wird man eher aufgefordert, in irgendeiner Weise mit anzupacken, was Kraft kostet. Beides darf sein.

Aber ein Ermutiger will ich werden! Ich möchte Jüngere zum Beispiel in ihrer Begeisterung für Jesus und sein Reich nicht einfach ertragen und aushalten, was sie so alles Neues und Unvollkommenes produzieren, sondern sie darin halten, zu ihnen stehen, durch Ermutigung und in schwierigen Situationen ein Vorbild an Mut sein!

Ermutiger dienen ebenso wie geistliche Eltern mehr aus dem Sein als aus dem Tun. Das können wir eigentlich nur durchs Leben lernen und das braucht seine Jahrzehnte.

Berufung zum Sein statt zum Tun

Etwa fünf Jahre nach meiner Glaubenswende nahm ich 1984 an einem größeren Kongress in Nürnberg teil. Im zweiten Morgenvortrag kündigte der Hauptredner an, dass er den Eindruck habe, am Abend wolle Gott einige der Teilnehmer in den sogenannten Vollzeitdienst berufen. Mein Herz schlug höher. Endlich würde ich erleben, wonach ich mich sehnte, dass Gott mich aus dem beruflichen Alltag herausruft. Ich arbeitete damals als Psychologe in einem Berufsbildungswerk und war Mitglied des Leitungsteams, eine Situation, für die ich Gott sehr dankbar war, aber mein Herz wollte mehr. Mit meiner Familie erlebten wir seit ein paar Jahren einen geistlichen Aufbruch um uns herum mit großen Erwartungen an die Zukunft.

Dann kam der Abend. Am Ende der Predigt wurde im Gebet der angekündigte Ruf ausgesprochen, zur Segnung für einen Vollzeitdienst zum Altar zu kommen. Viele gingen nach vorne, doch ich wusste plötzlich mit einem großen, mich überraschenden Frieden, dass ich nicht gemeint war.

Beim Gottesdienst am nächsten Tag verspürte ich etwas Enttäuschung und suchte das Gespräch mit Gott. Ich wollte wissen, warum das alles so passierte. Da kam die Frage in mir auf, was mir denn vor allem am Herzen läge. Plötzlich wurde mir klar, dass ich gern Psychologie und Glauben zusammenbringen wollte. Dieser Gedanke war der Auslöser, ein Jahr später andere Psychologen zusammenzurufen, die ebenfalls Christen waren. Das führte, zusammen mit anderen Puzzleteilen, letztendlich zu etwas, das heute als Bewegung für eine Christliche Psychologie bezeichnet werden kann.

Es dauerte dann nochmals fünf Jahre, bis ich am Berufsbildungswerk kündigte und zu IGNIS wechselte. Diese Gründungszeit der

IGNIS-Akademie für Christliche Psychologie habe ich damals als meine Berufung verstanden, würde das heute aber mehr als einen Auftrag Gottes unter anderen bezeichnen.

Berufung wie im AT?

Berufung – bei diesem Wort wurden bei mir früher viele positive Gedanken und Gefühle ausgelöst: sinnvolles Leben, Erwählung, Gottes Wille geschieht, Segen und reiche Frucht bringen, Gott wirkt, Reich Gottes bauen ...

Ich war seit meiner Bekehrung auf der Suche nach meiner Berufung, und das mit einer großen Erwartung. Dabei stellte ich mir vor, ohne mir dessen bewusst zu sein, dass ich dem sogenannten alttestamentlichen Berufungsschema folgen würde, das so nicht mehr die Norm für Christen ist: Ich werde wie Abraham oder Mose überraschend von Gott mit einem Auftrag angesprochen (Überraschungsmoment). Ich zweifle nicht, dass es Gott ist, und seine Heiligkeit erfasst mich (Heiligkeitserfahrung). Der gehörte Auftrag überfordert mich: Das kann ich nicht, schießt es mir durch den Kopf (Überforderungserlebnis). Dann erfolgt aber die Zusage Gottes: Ich bin mit dir, fürchte dich nicht (Zusage der Hilfe Gottes).

> Ich war seit meiner Bekehrung auf der Suche nach meiner Berufung, und das mit einer großen Erwartung.

Solche oder ähnliche Geschichten finden wir mehrere in der Bibel, auch christliche Bücher berichten von Beispielen aus Gegenwart und Vergangenheit. Auf der Konferenz damals in Nürnberg hatte ich so etwas erwartet, doch es war nicht eingetroffen. Zwar geschieht so etwas auch heute noch tatsächlich, aber es ist mehr die Ausnahme als die Regel.

Berufung zu mehr Nähe

Nach nicht ganz zwanzig Jahren als Christ musste beziehungsweise durfte ich ein Neues Berufungsverständnis erkennen, das, wie ich glaube, dem Neuen Bund entspricht. Das neutestamentliche »kaleo« = »rufen« bezeichnet das Ansprechen eines anderen, um ihn in größere Nähe zu sich zu bringen, sei es körperlich oder hinsichtlich des persönlichen Verhältnisses. Paulus spricht die Geschwister in Korinth als Menschen an, die von Gott berufen sind (1. Korinther 1,2). Er meint damit alle, die Teil der dortigen Gemeinde sind. Jeder Christ wird als Berufener bezeichnet. Gott hat ihn in eine Nähebeziehung gerufen.

Das neutestamentliche Berufungsverständnis stellt die Beziehung vor das Tun. Zuerst ruft uns Gott zu sich, in die Beziehung, dann als Zweites in ein neues Sein, das heißt in die Christusähnlichkeit, und dann erst erfolgen als Drittes Aufträge zum Mithandeln.

Berufung und Bäume

Die entscheidende Berufungsfrage ist also zunächst nicht: »Herr, was meinst du, was ich tun soll?«, sondern: »Aus wem heraus und mit wem tue ich, was ich tue?«

Hier hilft der Vergleich mit einem Baum weiter. Die Wurzelfrage lautet: »Worin bin ich gegründet?« Darauf folgt die Frage: »Als wer soll ich tun, was ich tue?« Das ist die Baumstamm- und die Astfrage. Diese beiden Fragen bestimmen unsere Berufung als eine Berufung zum Sein!

Erst danach geht es um Aufgaben. Aus dem Verwurzeltsein treiben die Äste am Stamm ihre Blüten und bringen Früchte. Die Früchtefrage lautet: »Was soll ich tun?« Ein Apfelbaum ist immer noch ein Apfelbaum, auch wenn er einmal keine Früchte bringt, weil es im Frühling einen späten Frost gab und alle Blüten erfroren sind. Das Wichtigste sind seine Wurzeln, sein Stamm und seine Äste, diese befähigen ihn dazu, im nächsten Jahr wieder Blüten zu treiben und eine reiche Ernte zu bringen.

Beauftragungen statt Berufung

Diese neutestamentliche Sicht von Berufung hat einschneidende Konsequenzen. Ohne Gott brauchen wir nichts zu tun, und alles, was wir mit ihm tun – Gottesdienstbesuch, Autowaschen, Geburtstagsfeiern, Hauskreisabende –, all das ist Berufung.

Ich möchte in solchen Berufungen oder besser gesagt in solchen Beauftragungen leben! Privat, Gemeinde, Arbeit, Dienst. Es gibt nicht die eine Berufung, sondern Beauftragungen nebeneinander und nacheinander, mal länger, mal kürzer, mal kleiner, mal größer.

Ein reiches Leben eröffnet sich, grundsätzlich verwurzelt in meiner Gottesbeziehung und geprägt von einem Umgestaltungsprozess in die Christusähnlichkeit. Deshalb kann ich auch sagen, dass ich neben dem Auftrag einer Christlichen Psychologie noch viele andere hatte und habe, meine Kinder zu erziehen, den Garten zu pflegen, einen Hauskreis zu leiten, Bücher zu schreiben, meine alten Onkel zu besuchen, ...

Diese Beauftragungen ergeben sich auf unterschiedliche Weise. Die Umstände spielen uns Beauftragungen zu oder sie können aus dem Hören auf Gott kommen oder aus unseren Herzenswünschen, die Gott in uns hineingelegt hat. Auch Gaben und Tröstungen weisen auf Beauftragungen hin, Tröstungen, die wir dort empfangen haben, wo wir durch Tiefen gegangen sind und Schwäche überwunden haben.

> In allen unseren Nöten kommt er uns mit Trost und Ermutigung zu Hilfe, und deshalb können wir dann auch anderen Mut machen, die sich ebenfalls in irgendeiner Not befinden: Wir geben ihnen den Trost und die Ermutigung weiter, die wir selbst von Gott bekommen.
>
> *2. Korinther 1,4*

Hauptsächlich ist jedoch der Ruf durch andere die normale und häufigste Form der Beauftragung im Neuen Bund. Das klingt nicht sehr aufregend, kein brennender Dornbusch am Weg, kein Engel in den Träumen. Das Aufregende ist vielmehr die unfassbare Gemeinschaft mit Gott, diese Verwandlung unseres Seins und die Verbundenheit miteinander als Leib Christi.

Ein Fazit im Rückblick für mich ist, dass die Aufgaben, die ich allein angepackt habe, auch mit dem Ja Gottes im Rücken, nach einigen Jahren wieder »versickert« sind – damit will ich nicht sagen, dass sie unfruchtbar waren, aber sie haben rasch wieder geendet. Die anderen, in die ich hineingerufen wurde und die ich mit anderen angepackt habe, hatten dagegen Jahrzehnte Bestand, manche bis heute.

Das alles schreibe ich jetzt nach fast vierzig Jahren Christsein mit voller Überzeugung und Freude. Vor vierzig Jahren, aber auch noch vor zwanzig Jahren hätte mich das nicht so begeistert, hätte es für mich mehr nach einem Ausbremsen geklungen.

Und in der Tat, was habe ich, was haben wir nicht alles auf die Beine gestellt im ersten Glaubensjahrzehnt neben und in Familie und Beruf! Wir haben einen Maindampfer angemietet und mit ihm zehn Tage lang das Evangelium in verschiedene Orte gebracht. Für etwa zwei Jahre haben wir für unsere Gemeinschaft einen alten Bauernhof als Wochenenddomizil gemietet. Wir haben psychisch beeinträchtigte Menschen für längere Zeit bei uns mitwohnen lassen. Wir hatten zwei Gemeinschaftsabende die Woche und das Wochengebet am Sonntagabend und vieles mehr. Das alles war gut, es gehörte in diese Zeit, doch nun ist es mir wichtig, in der Gewissheit zu leben, dass ich zuallererst in die Gemeinschaft mit Gott berufen bin.

Das Aufregende ist vielmehr die unfassbare Gemeinschaft mit Gott, diese Verwandlung unseres Seins und die Verbundenheit miteinander als Leib Christi.

Etwa 2003 habe ich folgendes Gedicht geschrieben:

berufen

Ich staune,
wohin du mich sendest,
nie hätte ich mir das zugetraut.

Ich staune,
wie du mich im Gehen änderst
und meinen Weg mit anderen vereinst.

> *Ich staune,*
> *wie du meinen Namen tröstend flüsterst,*
> *und deine Arme,*
> *am Kreuz weit ausgebreitet,*
> *mich aufrichten,*
> *wenn ich im Vorwärtsschreiten zweifle,*
> *wer ich bin.*

In diesem Gedicht klingt schon mit an, dass all unser Tun, auch wenn es erfolgreich scheint, uns letztlich keine Identität geben kann. Aber Freude!

»Sehr gut«, erwiderte der Herr, »du bist ein tüchtiger und treuer Diener. Du bist mit dem wenigen treu umgegangen, darum will ich dir viel anvertrauen. Komm herein zum Freudenfest deines Herrn!«

Matthäus 25,21

Berufung zum Sein

Die Berufung zum Sein ergeht an jeden und befreit uns vor gefährlichen Einengungen, zuallererst von der Erwartung, die richtige Berufung finden und in ihr bleiben zu müssen. Wir kommen nicht deshalb in den Himmel, weil wir unsere Berufung – im Sinne eines Auftrags – entdeckt haben, sondern weil Jesus uns erlöst hat!

1990 gab es einen kritischen Punkt in meiner Leitungsaufgabe an der IGNIS-Akademie. Unzufriedenheit anderer mit meiner Leitungskompetenz wurde immer lauter. Es kam zu einer Krisensitzung ohne mich, in der über meine Zukunft entschieden werden sollte.

Ich konnte die Unzufriedenheit damals verstehen. Ja, ich hatte kaum Leitungserfahrung und als sozial unsicherer Mensch war ich auch nicht konfliktfähig. Ich war bereit, einer Trennung zuzustimmen und wieder in die säkulare Psychologentätigkeit zurückzukehren. Doch gleichzeitig verspürte ich die Angst, dass ich damit bereit war, aus meiner Berufung – als die ich diese Tätigkeit ja verstand – auszusteigen. Ich dachte besorgt: »Ich will aus meiner Berufung aussteigen! Gegen Gottes Willen handeln!«

Da war es mir, als würde der Heilige Geist zu mir sagen: »Kommst du nun in den Himmel wegen deiner Berufung oder wegen Jesus?«

Die Antwort war mir sofort klar und mit einem Schlag waren alle Ängste verschwunden. Ich war offen für beides, wie nun auch die Entscheidung ausfallen würde – und blieb noch für die nächsten zwanzig Jahre an der IGNIS-Akademie.

Die Überbewertung der Berufung war damals ein für alle Mal für mich entmachtet worden.

Berufung zum Sein heißt auch: Ich darf Aufgaben ausprobieren, selbst wenn ich mir noch nicht sicher bin, den Auftrag Gottes verspürt zu haben. Ich darf etwas tun, was gut ist und andere ermutigt oder erbaut. Und ich darf in meinem Tun auch scheitern, weil ich und wir noch nicht vollkommen sind.

> Berufung zum Sein heißt auch: Ich darf Aufgaben ausprobieren und ich darf scheitern.

Was ich heute möchte, ist: kein Tun ohne Sein, ohne mit Gott zusammenzuwirken und ohne dabei Christus ähnlicher zu werden.

Ich bin

Junge Menschen beschäftigt die Frage nach ihrer Identität: »Wer könnte ich sein?« Später ist uns vielleicht die Überzeugung zugefallen: »Das und das bin ich.« Als gereifte Christen wartet noch eine neue Identität auf uns: »Ich bin.«

Unser Gegenüber Jesus und sein himmlischer Vater offenbarten sich als die Identität schlechthin: »Ich bin.«

> Da sprach Gott zu Mose: »Ich bin, der ich bin.« Dann sprach er: So sollst du zu den Söhnen Israel sagen: Der »Ich bin« hat mich zu euch gesandt.
>
> 2. Mose 3,14 ELB

Ich freue mich, wenn es mir immer mehr geschenkt wird, dass ich, wohin ich auch gehe, ob in den Gottesdienst, als Leiter zu einem Seminar oder in einen Supermarkt, nicht vorrangig konzentriert bin auf das, was ich tun soll oder tun werde. Ich will ruhen in dem, »wer ich bin in Christus«, und einfach darin, dass ich bin. Ich bin, und kein Wort mehr dazu.

Der neue Schatz

Dazu gehört: Ströme lebendigen Wassers gehen von mir aus. Darauf will ich immer mehr vertrauen, dass diese Ströme wirklich strömen, und das ständig, nicht nur einmal im Monat. Das ist wirklich eine Freude.

Jesus hat mit diesem Bild nicht behauptet, dass wir dieses Wasser spüren, sondern dass es die anderen wahrnehmen. Er sagt auch nicht, dass wir davon trinken, sondern die anderen. Die soziologische Netzwerkforschung ist der Ansicht, dass jeder Impuls, den wir an andere weitergeben, noch an eine weitere Person geht und von dieser wiederum an eine dritte, bevor er endet. Das ist unsere Reichweite! Und es ist klar, dass wir das alles normalerweise nicht merken werden.

Die Wassertropfen, die wir austeilen, werden zum Segen weit über das hinaus, was wir mitbekommen. Ich finde das aufregend und gleichzeitig entspannend. Unser Sein wirkt und segnet.

Ich freue mich immer mehr über den Segen durch mein Leben, von dem ich nichts mitbekomme.

Das Gleiche gilt auch für Sie. Sie werden ständig zum Segen, wenn Sie in Jesus Christus bleiben, denn Jesus sagt:

> Ich bin der Weinstock, und ihr seid die Reben. Wenn jemand in mir bleibt und ich in ihm bleibe, trägt er reiche Frucht; ohne mich könnt ihr nichts tun.
>
> Johannes 15,5

Weisheit ist besser als Gold

In den letzten Jahren begann ich, mich für Weisheit zu interessieren, darüber Bücher zu lesen[23] und vor allem aus der Weisheitspsychologie, die es seit einigen Jahren gibt, wichtige Impulse aufzunehmen.

Die Bibel rät: »Erwirb Weisheit! Was sonst ist besser als Gold? Einsicht erwerben ist wertvoller als Silber« (Sprüche 16,16). In der Bibel finden wir unterschiedliche Bedeutungen und Wertungen von Weisheit über die Jahrhunderte hinweg. Im Alten Testament wurde sie zunächst als eine natürliche Weisheit betrachtet, dann immer mehr mit Gott in Verbindung gebracht, bis sie schließlich als göttlich bezeichnet wurde. Im Neuen Testament wird der zwölfjährige Jesus beschrieben als einer, der an Weisheit zunahm (Lukas 2,52). Wir begegnen der Weisheit als Geistesgabe, als Charisma (1. Korinther 12,8), aber auch der Verurteilung von Stolz, Unabhängigkeit und Torheit der Weisen (1. Korinther 1,18-21) und wir werden dazu aufgefordert, um Weisheit zu bitten: »Wenn es aber einem von euch an Weisheit fehlt, bitte er Gott darum, und sie wird ihm gegeben werden« (Jakobus 1,5).

> Zwei Schlüssel zur Weisheit: meinen Mangel erkennen und zugeben und im Gebet um Weisheit bitten.

Zwei Schlüssel zur Weisheit kann ich vor allem aus den biblischen Aussagen lernen: Ich muss meinen Mangel an Weisheit erkennen und zugeben und dann im Gebet um Weisheit bitten.

Was ist Weisheit?

Wenn wir die biblischen Aussagen und die Ergebnisse der Weisheitspsychologie zusammenfassen, können wir etwa Folgendes unter Weisheit verstehen:

Ich besitze (auch im Licht meines Glaubens) *verarbeitete Lebenserfahrungen* und kann dadurch (mit Gottes Hilfe und im Vertrauen darauf) *Lebensfragen und Krisen anpacken* oder *Rat dafür geben* unter *Berücksichtigung der jeweiligen Situation und Welt des anderen*, mit *Respekt* davor, und kann dabei *Offenheit für Unvorhergesehenes behalten/vermitteln*. Ich bin *bereit, weiter zu lernen*, und *bereit, zuzugeben, wo ich nichts weiß*.

Stellt mir jemand zum Beispiel in der Pause eines Seminars die Frage: »Was denkst du über Ehescheidung?«, dann lege ich nicht einfach mit der Kurzfassung meines theologischen Standpunkts los, sondern ich versuche, mir erst ein Bild von der Situation des anderen zu machen. Ist er oder sie selbst geschieden oder steckt in einer Ehekrise, geht es mehr um eine Frage, die die eigenen Kinder oder Freunde betrifft, oder ist er ein Pastor, der darüber predigen soll? Je nachdem wird meine Antwort – ich hoffe mit Respekt – anders ausfallen. Gleichzeitig werde ich auch anfügen, dass ich selbst wenig Erfahrung mit diesem Thema in meinem Umfeld und in der Beratung habe und dass noch einige Fragen für mich offen sind. Ich werde sagen, dass ich meine geäußerte Meinung als begrenzte Anregung verstehe, weil jede Lebenssituation einzigartig ist.

An Weisheit zunehmen

Ich will an Weisheit zunehmen, weil sie nötig ist. Aber wie kann ich das tun?

Neben der Bitte um Weisheit, weil ich den Mangel erkenne, bedeutet das auch, dass ich bewusste Weisheitserfahrungen sammle. Dazu gehört:

- Ich bin bildungs- und erfahrungsoffen und bereit, meinen Horizont kontinuierlich zu erweitern, in Geschichte, regional und global, in Bezug auf andere Kulturen, wissenschaftliche Entwicklungen und vieles mehr.
- Ich habe im »vibrierenden Alltag« gelernt, mit Kritik umzugehen, Goldsammler zu werden. Denn »Weisheit hingegen, die von oben kommt, ist ... bereit, sich etwas sagen zu lassen« (Jakobus 3,17).
- Ich mache regelmäßig eine Auswertungs- und Verarbeitungszeit meiner alltäglichen Erfahrung (mehr dazu unten).
- Ich habe weise Vorbilder. »Wer mit weisen Menschen umgeht, wird selbst weise« (Sprüche 13,20).
- Ich empfinde Ehrfurcht Gott gegenüber, dessen Gedanken tausendfach höher sind als meine: »Weisheit beginnt

mit der Ehrfurcht vor dem HERRN« (Sprüche 9,10). »In ihm (Christus) sind alle Schätze der Weisheit und der Erkenntnis verborgen« (Kol 2,3).

Der Pool für Weisheit

Eine der Fragen, die die Weisheitsforschung beschäftigt, lautet: Woher nehmen wir die Informationen für Weisheit?

Unser Pool für Weisheitswissen füllt sich in unseren Lebensjahren mit ausgewerteten Lebenserfahrungen. Diese ausgewerteten Lebenserfahrungen bieten den Hauptstoff für Weisheit. Natürlich können wir Weisheitssprüche in der Bibel lesen oder in der gesamten Kulturgeschichte, aber egal wo sie stehen und wie wahr sie auch sein mögen, sie müssen erst verarbeitet durch unser Leben hindurch, bis sie in uns und durch uns Frucht bringen.

Nach meinen Beobachtungen nehmen wir uns kaum Zeit, unsere alltäglichen Erfahrungen bewusst auszuwerten. Natürlich geschehen immer wieder zufällige, schnelle und unbewusste Auswertungen, doch wir gehen ihnen zu wenig nach, fragen zu wenig weiter, ob die Schlussfolgerungen auch richtig erfolgt sind und ob das wirklich Wichtige in den Blick genommen worden ist. Wir sitzen nicht mehr am Abend mit anderen vor dem Haus und sprechen über den vergangenen Tag. Schon 1848 hat Franz Grillparzer in seiner Erzählung »Der arme Spielmann« bedauernd festgestellt: »Das Neue sollte auf den Platz, den das Alte noch nicht verlassen hatte.«[24] Tägliches Nachklingen- und Ausklingenlassen ade. Feierabend wird auch bei uns zum Fremdwort. Dabei wäre dieses Reflektieren so wichtig.

> Nach meinen Beobachtungen nehmen wir uns kaum Zeit, unsere alltäglichen Erfahrungen bewusst auszuwerten.

Folgende Fragen können bei einer Auswertung helfen:
- Was war heute alles los? Begegnungen, Routineaufgaben, Herausforderungen, ...
- Inhaltsorientiert: War es richtig? Fehlte etwas? Was kann ich sachlich lernen?

- Beziehungsorientiert: Unabhängig von der Sache, um die es ging, wie waren die Beziehungen? Ist da noch etwas offen, sind sie gut oder nicht gut gelaufen? Was kann ich hier lernen?
- Sinnorientiert: Was war wahr, was war schön, was war gut? Was hat mir als Mensch und Person weitergeholfen?
- Friedensorientiert: Weiß ich und verspüre ich mich im Frieden Gottes, wenn ich an dieses Ereignis denke? Oder ist da noch etwas offen, was ich nachholen sollte, eine Richtigstellung, eine Entschuldigung, ...? Gibt es etwas zu vergeben?
- Botschaftsorientiert: Steckt in dem ganzen Ereignis eine wichtige Erkenntnis für mich, für mein Lebenskonzept? Wollte Gott mir etwas mitteilen?

2011 – Mein Weisheitsjahr

2011 nahm ich mir vor: Ich möchte mir am Ende eines jeden Tages einige Minuten Zeit nehmen, um meinen Tag mit obigen Fragen auszuwerten. Dabei ging es mir nicht so sehr um die Fragen: Was kann ich besser machen, was ist gut gelaufen oder was motiviert mich zur Dankbarkeit? Als Hauptfrage sollte mich leiten, ob es eine Weisheitsbotschaft dieses Tages gibt, etwas, das ich aus diesem Tag grundlegend lernen kann.

Natürlich ging es dabei nicht um einen rein intellektuellen Check, mit dem ich die Ereignisse eines Tages durchging. Die Auswertung stellte mehr einen kreativen, intuitiven Prozess dar, ich achtete darauf, was an Erinnerungen hochstieg, was sich von allein meldete. In mir bewegte sich zusätzlich das Gebet, was ich aus diesem Tag lernen kann und darf und welche allgemeinen Regeln sich an einzelnen Ereignissen erkennen lassen. Es ging mir um Fragen, die im Fokus von Weisheit stehen, Lebensfragen und Erkenntnisse, die dabei helfen, in Krisen Rat zu geben.

An 192 von 365 Tagen habe ich mir etwas notiert. Das empfinde ich als eine gute »Quote«. Aus heutiger Sicht waren darunter jedoch viele Gedanken, die mir gar nicht mehr bewusst sind, wenn ich sie noch einmal lese. Ich kann nur hoffen, dass all das Notierte mich unbewusst als Weisheitswissen in den vergangenen Jahren mit gesteuert hat.

Ein paar solche Goldstücke aus dem Jahr 2011 möchte ich jetzt verraten. Sie sind sehr persönlich, aber ich hoffe, dass sie trotzdem verständlich sind:

8. Januar 2011: Gedanken zu »auf Turbo schalten«, sich anstrengen: Neigen wir dazu, zu früh aufzugeben? Müssen alle großen Dinge abgerungen werden?

Welche Rolle spielt dabei eine mentale Kraft (Vorstellungskraft, Willenskraft, Glaubenskraft)? Was bedeutet es, in diesem Überlegungskontext etwas zu tun, was man nicht will?

15. Februar 2011: Das Gesprochene hat eine andere Kraft als das Geschriebene. Und außerdem besteht bekanntermaßen eine Diskrepanz zwischen dem Gesagten bzw. dem Geschriebenen und dem eigentlich Gemeinten. All das wird wohl in versöhnten Beziehungen keine so große Rolle spielen, muss aber unbedingt in Konflikten und belasteten Beziehungen berücksichtigt werden.

22. Juli 2011: Wenn du gibst, bekommst du etwas zurück. Wer wenig gibt, bekommt wenig. Das gilt im Leben, im Miteinander, im Gespräch. Geben = sich zeigen, etwas beitragen, geben, schenken.

17. September 2011: Ich kann mich nicht geistlich fit machen, zum Beispiel für ein Seminar, wenn mein Alltag sonst wenig geistlich ist. Ein Grundlevel ist nötig, sollte ja sowieso sein.

Heute, 2017, ringe ich immer wieder darum, mir solche Auswertungszeiten freizuschaufeln, sie zu einer täglichen Gewohnheit werden zu lassen. Ich will das!

Weisheit ist besser als Gold, und ich brauche Weisheit, meine kleine Welt braucht sie und auch die große, in der ich lebe. Das darf und soll ein Thema für die nächsten Jahrzehnte sein.

Liebe + x

Einmal wurde Jesus gefragt:

> »Meister, welches ist das wichtigste Gebot im Gesetz von Mose?« Jesus antwortete: »›Du sollst den Herrn, deinen Gott, lieben, von ganzem Herzen, mit ganzer Seele und mit all deinen Gedanken!‹ Das ist das erste und wichtigste Gebot. Ein weiteres ist genauso wichtig: ›Liebe deinen Nächsten wie dich selbst.‹ Alle anderen Gebote und alle Forderungen der Propheten gründen sich auf diese beiden Gebote.«
>
> Matthäus 22,36-40 NLB

In jedem Gebot hat Gott einen Sinn, einen Schatz versteckt, gefülltes Leben. Der Schatz in diesem Gebot lautet: Liebe ist Anteil an göttlichem Leben, an Gott selbst.

Die Agape-Liebe ist nicht nur etwas Besseres, Höheres, im Sinne von »Ein bisschen mehr als ...«, nein, sie ist eine andere, eine neue Dimension des Lebens.

Aber wenn wir ehrlich sind, trifft auf uns dann nicht vielmehr diese Vorstellung zu: *X plus Liebe*? Damit meine ich, dass wir durchaus wissen, dass wir alles mit Liebe tun sollen oder dass ohne die Liebe alles nichts ist. Doch das X, unser Tun, steht an erster Stelle, ist groß und fett: X, und manchmal vergessen wir dabei die Liebe und meistens geht es nur um das X.

Was ist der Schatz des Liebesgebotes? Anteil am göttlichen Leben.

Der »neue Schatz« dreht dagegen diese Formel um: *Liebe plus x*, Liebe groß und breit und das x etwas kleiner: Liebe plus x.

Das sind die Kernbotschaften der Liebe, die in allem mitschwingen sollen. Es geht darum, für den anderen zu sein und mit ihm zusammen sein zu wollen.

Vor allem und über allem und zuallererst steht die Liebe mit: »Es ist gut, dass es dich gibt«, »Ich bin für dich«, »Ich mache deine

Sache zur meinen«, »Ich möchte mit dir zusammen sein«, »Ich gehe dir nicht aus dem Weg«, »Ich suche die gemeinsame Zeit.«

Ein Geständnis
Wenn ich ganz konkret meine letzten Tage betrachte, muss ich gestehen, dass ich immer noch ein Vertreter von *X + Liebe* bin. Vielleicht ist das X nicht mehr ganz so groß wie vor Jahrzehnten, vielleicht ist meine Liebe von zehn Prozent auf fünfzehn Prozent angewachsen oder noch etwas mehr, aber ich kann nicht sagen, dass die Liebe vorgibt, was ich tue.

Vor einiger Zeit habe ich einmal einen Agape-Fragebogen zur Selbstreflexion ausgefüllt, um meine Stärken und meine Schwächen in meinen Voraussetzungen fürs Lieben aufzuspüren. Dabei ging es um folgende Eigenschaften: für den anderen sein, Bereitschaft, zu helfen, selbstlos lieben, seine Bedürfnisse zurückstellen, Zeit geben, positive Gefühle für den anderen, Grenzen setzen und sich selbst als geliebt erleben. Meine Stärken schienen darin zu liegen, mich selbst als geliebt zu erleben und grundsätzlich für andere Menschen zu sein. Meine Schwachstelle dagegen war eindeutig, dass ich keine Zeit bereitstellte, um zu lieben, keine Zeit, die mich das Lieben kosten könnte.

Sorge

Blind zu sein
für einen anderen,
weil ich keine Zeit habe

Liebe zu versäumen,
weil ich meine Ziele im Auge habe

Sonst fürchte ich nichts

Ich will es wagen, den Schatz der Liebe auszupacken. Das soll und darf Zeit kosten! Eine erste wichtige Herzenshaltung dazu, die ich anfange, zu erobern, ist, Interesse an jedem zu entwickeln, zu jedem aufzuschauen aus Achtung und zu geben, was ich zu geben habe. Ich möchte hinter allem menschlichen Tun die Sehnsucht nach Liebe verspüren, nach Wertschätzung, letztlich nach der Liebe Gottes, den Schrei des Herzens nach Leben, den wir alle tief in uns verspüren können.

Gleichzeitig werden wir dabei ein tieferes Entsetzen über den Schaden erleben, den wir anderen zufügen, wenn andere unter uns leiden, egal ob durch unsere Gleichgültigkeit, unsere Suche nach Sinn oder unseren reinen Egoismus.

Aber, und das ist wahrscheinlich die wichtigste Sicht, wir dürfen uns immer wie Gott darüber freuen, den anderen zu sehen, nur ein kleiner Bruchteil der Liebe Gottes in meinem Herzen genügt dazu.

Liebe 4 x

Bernhard von Clairvaux schrieb 1127 in seinem Buch über die Gottesliebe von den vier Stufen der Liebe. Hier ein paar Auszüge daraus[25]:

> Die erste Stufe der Liebe, wenn der Mensch sich um seinetwillen liebt ... Dies ist nicht durch ein Gebot vorgeschrieben, sondern ist in der Natur des Menschen angelegt. Denn wer hasst sein eigenes Fleisch? Aber wenn nun ebendiese Liebe, wie sie es gewöhnlich tut, beginnt zügelloser zu sein und abgleitet ..., so wird dieses überschäumende sofort zurückgehalten durch das Gebot, das sich ihm entgegenstellt und das heißt: »Du sollst deinen Nächsten lieben wie dich selbst!« ...
>
> Die zweite Stufe der Liebe, wenn der Mensch Gott seinetwillen liebt. Er liebt also bereits Gott, aber vorerst nicht Gottes wegen, sondern seiner selbst wegen ...
>
> Die dritte Stufe der Liebe, wenn der Mensch Gott dessentwillen liebt. Von häufiger Not bedrängt, muss der Mensch auch häufig Gott um Hilfe anflehen. Im Anflehen aber wird er verkosten, im Verkosten aber erfahren, wie süß der Herr ist. So geschieht es, dass uns schließlich seine verkostete Süße mehr zu reiner Gottes-

liebe anlockt, als unsere Notlage uns drängt ... Wer Gott dankt, nicht weil Gott zu ihm gut ist, sondern weil er in sich gut ist, der liebt Gott wirklich um Gottes willen, und nicht um seiner selbst willen ...

Die vierte Stufe der Liebe, wenn der Mensch sich um Gottes willen liebt. Selig, wer bis zur vierten Stufe der Liebe gelangen darf, auf der der Mensch auch sich selbst nur mehr um Gottes willen liebt.

Bernhard von Clairvaux versteht unter dieser vierten Stufe den seltenen mystischen Augenblick, wo zwei Ereignisse zusammenfallen, wo ich erstens von mir selbst völlig absehen kann und mich zweitens gleichzeitig mit der vollkommenen Liebe Gottes sehen kann, weil ich ganz bei Gott bin.

Und das gilt auch für andere Menschen, auch sie kann ich mit der vollkommenen Liebe Gottes sehen, weil ich ganz bei Gott bin.

Liebe ohne Gegenliebe

Die Liebe, die Agape-Liebe, ist gewaltig, ist motiviert, quillt aus der Kraft des Kreuzes, an dem Jesus Christus starb. Sie braucht ihn und sie ist seine ganze Erlösungskraft – aber sie betrifft nicht nur unsere Freunde. »Und wenn ihr nur zu euren Brüdern freundlich seid, was tut ihr damit Besonderes? Tun das nicht sogar die Heiden, die Gott nicht kennen?« (Matthäus 5,47).

Habe ich nur Freunde? Oder habe ich nicht auch Feinde? Mit *Feinden* meine ich Menschen, die aktiv und bewusst gegen mich sind. Ein Konkurrent ist nicht aktiv gegen mich, er möchte nur das gleiche Ziel vor mir erreichen. Er ist daher kein Feind, kann aber einer werden, wenn er dafür unlautere Mittel einsetzt. Menschen, die meinen Plänen in die Quere kommen, verfolgen vielleicht nur ihre eigenen Pläne. Selten ist bewusste Feindschaft im Spiel, wenn der Arbeitgeber beispielsweise einem Mitarbeiter kündigt. Wir können uns »große« Feinde vorstellen, die unsere Existenz oder unser Leben gefährden wollen, wir können aber auch von »kleinen« Feinden sprechen, die unser Leben stören und verschlechtern wollen, ob bewusst gegen uns gerichtet oder nur auf ihren eigenen Vorteil bedacht: der Kollege, der schlecht über uns redet, der Auftraggeber, der nicht zahlt, der Autohändler, der uns einen defekten Gebrauchtwagen verkauft, der Nachbar, dessen Hund immer noch in unserem Vorgarten sein Geschäft verrichtet, obwohl wir ihn schon darauf angesprochen haben.

Welche Strategien haben wir grundsätzlich entwickelt, um mit Feinden umzugehen? Zunächst wären da die Fluchtmechanismen: Unterwerfung, Ergebung, Passivität, Rückzug oder die eigentliche Flucht, wenn wir dem anderen aus dem Weg gehen, vielleicht sogar den Arbeitsplatz wechseln oder umziehen. Solche Mechanismen sind nicht immer offensichtlich, doch ich erschrecke, wie häufig sie mein Leben bestimmen.

Auch Feinden sollte es nicht gelingen, uns aus der Liebe zu vertreiben.

Eine andere Gruppe von Strategien gegen Feinde sind die Kampfstrategien: Da wäre zunächst die Verteidigung, die bereit ist, den anderen anzugreifen, Vergeltungsmaßnahmen, Rache und auch gewaltsame Kampfattacken. Diese Gruppe von Strategien kann ich persönlich weniger erkennen, befürchte aber, dass dies nur daran liegt, dass ich die erste Grundstrategie der Flucht gut beherrsche.

Beide Grundstrategien kommen aus dem Misstrauen und aus der Angst.

Feinden sollte es nicht gelingen, uns aus der Liebe zu vertreiben

Die Feindesliebe, die Liebe zum Täter oder zum potenziellen Täter, können wir sicher als den intensivsten eigenen Heilungsprozess ansehen. Sie führt uns zur Überwindung unserer Ängste, letztlich auch der Todesangst in der Begegnung. Ohne diesen Preis wird es keine Feindesliebe geben. Doch Agape-Liebe ist eine Liebe, die keine Gegenliebe erwartet. Eine Liebe, die nicht erst wartet, bis sich der andere ändert.

Ich hatte schon in jüngeren Jahren das Ziel der Feindesliebe vor Augen, aber mit dem Fokus, gemeinsame Ziele zu erreichen, eine gerechtere Welt zum Beispiel, während ich jetzt mehr den Preis sehe, verbunden mit der Frage, ob ich wirklich bereit bin, ihn zu bezahlen.

Ich muss mir bewusst machen, dass es viele Christen auf dieser Welt gibt, deren Leben von Feinden bedroht ist, die wegen ihres Glaubens verfolgt werden. Ich bin mir sicher, dass dort in vielen Fällen eine Feindesliebe gelebt wird, die ich nicht ansatzweise in meinem Leben nachweisen kann.

An Liebe glauben beinhaltet das Risiko, betrogen zu werden. An Liebe glauben und betrogen zu werden, ist aber besser, als aus Angst davor, betrogen zu werden, nicht mehr an die Liebe zu glauben. Erst dann wäre man wirklich betrogen.

Søren Kierkegaard (1813-1855)[26]

5. Die dreifache Bekehrung

Den Gedanken von den drei Bekehrungen schreibt man Zinzendorf (1700-1760), dem Gründer der Herrnhuter Brüdergemeinde, zu.
Gemeint ist damit:
1. die Bekehrung zu Jesus Christus,
2. die Bekehrung zur Gemeinde, Kirche oder zum Leib Christi und schließlich
3. die Bekehrung zur Welt, verstanden als eine Verbundenheit mit allen Menschen, ob Christen oder Nichtchristen, und zur Schöpfung.

Ich möchte in keiner Weise behaupten, dass diese drei Bekehrungen den drei von mir beschriebenen Wegabschnitten - Springtime, vibrierender Alltag und Weite Gottes - zuzuordnen sind. Wann welche Bekehrung im individuellen Leben reif ist, fällt ganz unterschiedlich aus. Nach Jahrzehnten des Christenseins gilt es allerdings, bewusst mit allen drei Bekehrungen, mit ihren Herausforderungen, Verantwortlichkeiten und ihrem Segen zu leben.

Die erste Bekehrung

Wie ich vor fast vierzig Jahren diese erste Bekehrung zu Jesus Christus erlebt habe, habe ich schon beschrieben. Ich begriff damals, dass Jesus nicht nur der Herr meines Lebenshauses sein wollte, ich ihm sozusagen den Haustürschlüssel übergeben hatte, sondern dass er auch in jedes Zimmer dieses Hauses seinen frischen Wind bringen wollte. So galt es, Zimmer für Zimmer aufzuräumen.

Ich möchte auch heute immer noch neue Zimmer entdecken, wo er noch nicht Herr ist, oder alte, bei denen es vielleicht ganz gut ist, nochmals mit Jesus durchzugehen. Es werden immer wieder kleinere oder auch größere Umkehrschritte folgen, weil wir tiefer verstehen, wie unser Herz tickt und wer Gott ist.

Unsere erste Bekehrung führt in vielen Lebensbereichen immer mehr zu einem tieferen Verständnis der Freiheit von der Macht der Sünde, die uns Gott schenken will, und wie diese Freiheit ausgelebt werden soll. Nicht nur im Umgang mit Geld, auch in all den anderen Räumen unseres Lebenshauses ist es notwendig, Einseitigkeiten zu überwinden.

> Es werden immer wieder kleinere oder auch größere Umkehrschritte folgen, weil wir tiefer verstehen, wie unser Herz tickt und wer Gott ist.

War der Wunsch, nicht zu sündigen, nach unserer ersten Bekehrung vor allem im Sinne von Übertretungssünden gemeint, so wünschen wir uns jetzt zusätzlich, nicht zu sündigen im Sinne von Unterlassungssünden, mehr zu lieben, mehr zu geben.

Ich hoffe, dass das nicht überheblich klingt, aber die Übertretungssünden in Worten, Gedanken und Werken, wie es Martin Luther formuliert, stellen für mich nicht mehr das vorrangige Problem dar, obwohl der Heilige Geist auch immer wieder den Finger auf solche Sünden legt. Was mir wirklich zu schaffen macht, sind die Unterlassungssünden.

Wenn ich mich zum Beispiel auf ein Seminar vorbereite – und das nach dreißig Jahren Erfahrung –, konzentriere ich mich immer noch auf einen guten Inhalt und auf die methodische Präsentation, bete auch, dass die Teilnehmer gesegnet werden. Doch die Zeit, die ich einsetze, um »meine« Liebe für sie vorzubereiten, geht quasi gegen null. Natürlich weiß ich mich auch in diesem Versagen von Gottes Gnade gehalten, aber ich erlebe diesen Zustand als eine Katastrophe, nachdem ich schon so viele Jahre die Liebe Gottes erfahren habe! Gleichzeitig freue ich mich, dass Gott diesen Aufschrei meines Herzens hört. Es wird sich etwas ändern! Da bin ich gewiss.

Es werden aber immer wieder kleinere oder auch größere Umkehrschritte folgen, weil wir auf geistliches Wachstum angelegt sind.

Paulus blieb das ebenfalls nicht erspart, wie aus dem folgenden Text deutlich wird:

> Die Gemeinde in ganz Judäa, Galiläa und Samarien erlebte nun eine Zeit der Ruhe und des Friedens. Die Christen wurden im Glauben gefestigt und lebten in Ehrfurcht vor dem Herrn. Und weil der Heilige Geist ihnen zur Seite stand, wuchs die Gemeinde ständig weiter.
> *Apostelgeschichte 9,31*

Wichtig ist mir hier das kleine Wörtchen »nun«. Sie erlebten *nun* eine Zeit ... Was war passiert? Paulus war nach Cäsarea weggebracht worden, zu seiner eigenen Sicherheit, nachdem er unerschrocken aufgetreten war. Es lässt sich nicht genau rekonstruieren, wann Paulus wieder auf die »biblische Bühne« zurückgekehrt ist, aber auch er musste wachsen und reifen.

Babys, Kinder, Jünglinge und Väter
Johannes spricht die unterschiedlichen Reifestufen an:

> Meine lieben Kinder, ich schreibe euch, weil euch eure Sünden um Jesu willen vergeben sind. Väter, ich schreibe euch, weil ihr den kennt, der von allem Anfang an da war. Ihr jungen Leute, ich schreibe euch, weil ihr den Bösen besiegt habt, den Teufel. Lasst es mich noch einmal sagen, Kinder: Ich schreibe euch, weil ihr den Vater kennt. Väter, ich schreibe euch, weil ihr den kennt, der von allem Anfang an da war. Ihr jungen Leute, ich schreibe euch, weil ihr stark seid; das Wort Gottes ist in euch lebendig und bleibt in euch, und ihr habt den Bösen besiegt.
> *1. Johannes 2,12-14*

Da im Neuen Testament sonst nirgendwo explizit Kinder angesprochen werden, ist zu vermuten, dass es auch hier nicht wörtlich gemeint ist, sondern sich um das Aufgreifen von geistlichen Wachs-

tumsstufen oder -abschnitten handelt. Im griechischen **Grundtext** finden wir vier Begriffe: Babys, Kinder, Jünglinge und Väter oder Eltern. Bevor ich ihre Kennzeichen schildere, sind mir vier Punkte wichtig:
- Es geht hier nicht um eine Wertung, dass der eine Abschnitt »besser« als der andere wäre.
- Es sind immer alle gleichzeitig vorhanden, aber mit unterschiedlicher Gewichtung.
- Diese Aufteilung hilft uns, einander zu verstehen, vor allem dort, wo eine Stufe dominiert: Ich bin heute ein anderer Christ als vor fünfundzwanzig Jahren, ich habe heute andere Schwerpunkte.
- Irgendwie spielt dabei die Zeit/das Lebensalter eine Rolle.

Folgende Kennzeichen werden genannt:
1. Baby, Kleinkind, Säugling (paidion): »weil ihr den Vater kennt«.
2. Kinder, der Abstammung nach (teknion): »weil euch die Sünden vergeben sind«.
3. Jünglinge, junge Männer (neaniskos): »weil ihr den Bösen besiegt habt«, »weil ihr stark seid; das Wort Gottes ist in euch lebendig und bleibt in euch«.
4. Väter, Mütter, Eltern (pateres): »weil ihr den kennt, der von allem Anfang an da war«.

Ich darf glauben, dass Gott ein Vater ist, ich darf glauben, dass mir die Sünden vergeben sind, ich darf glauben, dass ich stark bin, weil das Wort Gottes in mir bleibt, und dass ich den Bösen besiegt habe. Ich darf glauben, dass ich den kenne, der von allem Anfang an da war. All das spielte schon zu Beginn meines Glaubenslebens eine Rolle, alles soll weiterhin lebendig und tragend bleiben, aber die Schwerpunkte haben sich verschoben.

Gott als Vater zu erkennen wie der verlorene Sohn und dann inneren Frieden und versöhnte Beziehungen durch Vergebung zu finden, das waren Highlights des ersten Jahrzehnts. Im Glauben stark zu sein, dominierte wahrscheinlich mein zweites Glaubensjahrzehnt. Stärker geworden ist nun als gereifter Christ das Staunen über die Größe Gottes, der von Anfang an war, der Schöpfer der ganzen Welt, der durch sein Wort alles trägt, der die Liebe ist, ihm gehört vor allem meine Gegenwart und Zukunft. All das sind die großen Glaubensthemen meines Lebens, die sich tagtäglich realisieren wollen und sollen.

»Vom Glauben an Gott« zum »Gott glauben«

Immer tiefer ins Gottvertrauen einzukehren, daheim zu sein, bedeutet auch, dass viele kleine Bekehrungsschritte folgen, wenn wir das Misstrauen überwinden wollen, das die Schlange ins Herz der ersten Menschen gesät hat. Viele kleine Bekehrungsschritte öffnen nicht nur die Türen unseres Lebens für den Willen Gottes, sondern auch für das Vertrauen, dass dieser Wille gut und wahr ist. Gott vertrauen heißt *ihm* glauben und nicht nur *an ihn* glauben.

Was heißt das aber, »glauben«? »Es ist aber der Glaube eine feste Zuversicht dessen, was man hofft, und ein Nichtzweifeln an dem, was man nicht sieht« (Hebräer 11,1 LUT).

Alles, was wir in unserer Wirklichkeit nicht sehen, wovon wir aber überzeugt sind, wo wir also nicht zweifeln, dass es *ist*, glauben wir.

> Viele kleine Bekehrungsschritte öffnen nicht nur die Türen unseres Lebens für den Willen Gottes, sondern auch ins Vertrauen, dass dieser Wille gut und wahr ist.

Das meiste in unserem Leben sehen wir nicht, sondern glauben es. Alles, was uns jetzt nicht direkt durch die Sinne gegeben ist, glauben wir, Erinnerungen natürlich, aber auch aktuelle Gewissheiten, dass das Auto noch da steht, wo Sie es hingestellt haben, dass der Euro die aktuelle Währung in unserem Land ist (auch wenn Sie nicht gerade sehen, wie jemand damit bezahlt), dass Ihr Fernseher angehen wird, wenn Sie ihn einschalten ... Glauben zu können, ist eine Grundbefähigung jedes Menschen.

Wenn Sie einmal erlebt haben, dass Ihr Auto gestohlen wurde, dass Ihr Fernseher nicht funktioniert hat, dass jemand mit D-Mark bezahlt (das ist durchaus in manchen Kaufhäusern noch möglich), dann hat Ihr Glaube vielleicht eine Schwachstelle bekommen.

Dort, wo Sie bisher keine Erfahrungen gemacht haben, hat Ihr Glaube noch kein Fundament. Wenn eine Person zu Ihnen sagt: »Der Koch in diesem Restaurant kocht hervorragend«, hängt die Frage, ob Sie es glauben oder ob Sie unsicher sind, davon ab, wie vertrauenswürdig die Person (in Bezug auf diese Information) ist. Wenn Sie das Restaurant selbst ausprobieren, können Sie wahrscheinlich herausfinden, ob die Aussage stimmt, aber vielleicht hat der gute Koch gerade seinen freien Tag? Ganz sicher können Sie dann immer noch nicht sein.

Ich glaube dort, wo ich nicht mehr zweifle, obwohl ich es nicht sehe. Glaube hat eine transzendente Wirkung, er »gibt Gott die Hand«. Dazu ein paar Beispiele aus der Bibel:

> Hierauf wandte sich Jesus zu dem Hauptmann und sagte: »Du kannst nach Hause gehen. Was du geglaubt hast, soll geschehen.« Und zur gleichen Zeit wurde der Diener gesund.
>
> *Matthäus 8,13*

> Doch soll der Betreffende seine Bitte in einer Haltung des Vertrauens vorbringen und nicht in der Haltung des Zweiflers; denn wer zweifelt, gleicht einer Meereswoge, die – vom Wind aufgepeitscht – einmal hierhin und dann wieder dorthin getrieben wird. Ein solcher Mensch soll nicht meinen, er werde vom Herrn etwas bekommen.
>
> *Jakobus 1,6-7*

> Und wegen ihres Unglaubens tat er (Jesus) dort (in seiner Heimatstadt) nur wenige Wunder.
>
> *Matthäus 13,58*

> »Wenn es dir möglich ist, sagst du?«, entgegnete Jesus. »Für den, der glaubt, ist alles möglich.«
>
> *Markus 9,23*

All diese Texte belegen: Ob ich Gott konkret glaube oder nicht, ist nicht unwichtig. Das beeinflusst nicht nur uns und unser Erleben und Verhalten, sondern wohl auch Gott.

Wenn wir einmal vom Unglauben zum Glauben gekommen sind, dann gehört es zu dieser ersten Bekehrung, dass wir uns fragen, ob wir Gott und seinem Wort in unserem gelebten Leben vertrauen können, sodass wir nicht mehr zweifeln. (Immer vorausgesetzt, dass wir sein Wort richtig auslegen und verstehen.)

Das ist nicht leicht, hält aber unsere erste Bekehrung lebenslang aktiv: Kann ich Gott vertrauen?

Kann ich vertrauen, dass

... dem, der gibt, wiedergegeben wird?

... die eheliche Treue gut und schön ist?

... ich einmal ewig erlöst leben werde?

... Gott meine Gebete erhört?[27]

... ich heute beim Vorstellungsgespräch einen guten Eindruck hinterlasse, weil er mit mir ist?

Eine Seminarerfahrung

Das Thema Glaube als menschliches Grundphänomen gehörte über Jahre zu meinen regelmäßigen Vorträgen. Nach einer Einführung ins Thema sagte ich immer zu den Teilnehmern: »Ich habe drüben im Nebenzimmer eine Tafel Schokolade hingelegt. Wer sich diese jetzt holt, dem gehört sie.« Natürlich verstanden sie, worauf ich hinauswollte: ob sie mir vertrauten, dass da wirklich eine Tafel Schokolade liegt, die sie ja nicht sehen konnten.

Dann stand der Erste auf und verließ den Raum. Ich fragte die anderen, wer glaubte, dass eine Tafel Schokolade dort lag, und wer nicht. Manche zweifelten, andere glaubten.

Dann kam die Person mit der Schokolade in der Hand zurück und Applaus brauste auf.

Zehn Minuten später behauptete ich: »Auf die Kellertreppe habe ich zwei Tafeln Schokolade gelegt, wer ...« Jetzt erhoben sich schon zwei oder drei, einer ging letztlich los ... und kam wieder erfolgreich zurück. Manche bestätigten, dass sie immer noch gezweifelt hatten.

Meine Frage war dann, wie oft ich das Ganze wiederholen müsste, damit keiner mehr zweifeln würde. Wir diskutierten über die Glaubwürdigkeit meiner Person, über die Umstände dieser Übung, dass kein hohes Risiko bestehen würde, wenn keine Schokolade da wäre, dass manche halt vertrauensseliger und andere wiederum misstrauischer seien. Wir diskutierten auch darüber, was diese Übung für unser Gottvertrauen bedeutet.

Dann führte ich diese Übung nochmals durch, dieses Mal mit fünf Tafeln. Einige zweifelten immer noch, die Person, die die fünf Tafeln geholt hatte, verteilte meistens an alle anderen reichlich Schokolade. Für mich war das immer ein »teurer« Vortrag. (Ein einziges Mal - es musste einfach sein - erhöhte ich dann noch auf fünfundzwanzig Tafeln. Leider vergaß ich, nachzufragen, wer immer noch zweifelte.)

Doch wie komme ich von Zweifeln und Unglauben zum Glauben? Dafür sind zwei Dinge nötig: Erstens muss ich mich in Bewegung setzen, von Unglauben und Zweifel in Richtung Glauben und Vertrauen. Zweitens bin ich dabei überzeugt, dass Glaube ein Geschenk Gottes ist. Ich muss mir keine Leistung abringen, aber ich darf darum bitten.

Das gehört für mich zur ersten Bekehrung: Ich wünsche mir in meinen verschiedenen Lebensbereichen einen Glauben, der Gott ehrt.

Der erste Schritt hin zum Glauben ist, sich klarzumachen, was man bisher geglaubt hat. Jeder glaubt etwas, die Frage ist nur, was. Dann stellt sich die Frage, ob man dabei stehen bleiben will. Es muss einem klar sein, dass der Glaube etwas bewirkt. Wie die Placebo-Forschung belegt, hat sogar etwas, das nicht stimmt, Auswirkungen, wenn wir es glauben.

Wenn ich zu dem Schluss komme, dass das, was ich bisher geglaubt habe, falsch ist, dann muss ich mir überlegen, *was* ich ab jetzt glauben möchte. Dass dem, der gibt, wiedergegeben wird? Dass ich einmal ewig erlöst leben werde? Dass Gott meine Gebete erhört?

Ich gestehe mir (eventuelle) Zweifel dazu ein, denn sich zu belügen oder positives Denken helfen nicht. Dann bitte ich im Gebet, dass mir konkreter Glaube geschenkt wird, und lege meine Zweifel hin.

Und nun kommt ein schwieriger Schritt: das Handeln. Handeln wir entsprechend unserem Glauben? Nehmen wir einen Regenschirm mit, wenn wir nach anhaltender Trockenzeit um Regen bitten?

> Was nützt es, meine Geschwister, wenn jemand behauptet: »Ich glaube«, aber er hat keine entsprechenden Taten vorzuweisen? ... »Erst durch seine (Abrahams) Taten wurde sein Glaube vollkommen.
>
> *Jakobus 2,14.22*

Wenn ich glaube, muss ich schon mal aufstehen und selbst die Schokolade holen, und das wahrscheinlich öfter, bis ich glaube, ohne zu zweifeln.

Als junger Christ hätte ich diesen Exkurs über die Glaubenslehre hier abgebrochen. Das Wichtigste wäre für mich gesagt gewesen. Stürzen wir uns ins Leben! Lernen wir, Gott immer mehr auch in den alltäglichsten Angelegenheiten bis ins Berufsleben hinein zu vertrauen!

Aber wir glauben nicht an unseren großen Glauben, sondern an einen großen Gott. Es ist nicht unser Glaube, der Berge versetzt, sondern er reicht »nur« dem Gott die Hand, der Berge versetzen kann.

> Ich wünsche mir in meinen verschiedenen Lebensbereichen einen Glauben, der Gott ehrt.

Ich wünsche mir in meinen verschiedenen Lebensbereichen einen Glauben, der Gott ehrt. Unser Glaube reicht ihm die Hand, auf die er wartet, und dann handelt er, wie er es in seiner Größe und Liebe sieht, und gibt das Passende[28], vielleicht anders, als ich es mir in meiner Begrenztheit vorstelle, aber er gibt.

Unsere erste Bekehrung will uns immer tiefer ins Gottvertrauen führen.

Die zweite Bekehrung

Ein wenig erschreckt hat mich die Beobachtung, dass manche Christen die zweite Bekehrung, die Bekehrung zu Gemeinde, Kirche oder Leib Christi, auslassen oder wieder verlassen. Die Erfahrungen des ersten Glaubensjahrzehnts sind in der Regel sehr mit Gemeinschaftserfahrungen verbunden. Für viele ist die Begegnung mit den Geschwistern ein Aufbruch aus Einsamkeit, eine großartige Erfahrung von Nähe und eine Quelle von vielfältiger Unterstützung und von gemeinsamem Unterwegssein.

Dies kann uns über zweierlei hinwegtäuschen. Erstens darüber, dass wir in gewissem Sinne blauäugig die Begrenzungen und Fehler, Mängel und Schwächen der anderen nicht wahrnehmen. Diese nach einer Zeit zu erkennen, führt uns in eine Phase der Ernüchterung und diese wiederum verführt uns zu Distanz oder Rückzug, weil wir das Bild von einer idealen Gemeinde nicht aufgeben wollen.

Zweitens kann es sein, dass wir in der Anfangszeit nicht erkennen, dass wir den Wert der Gemeinschaft – offensichtlich oder unbewusst – an dem Wert und Nutzen für uns selbst messen. Wenn wir nicht mehr spüren, dass wir etwas bekommen, oder nichts mehr erwarten, verliert Gemeinde für manche ihren Wert. Dann ziehen sie sich zurück oder verlassen die Gemeinden sogar, auch nach langjähriger Mitgliedschaft.

Die zweite Bekehrung beinhaltet die Entscheidung, sich grundlegend als Glied am Leib Christi zu verstehen, den Wunsch, in der Gemeinde zu sein und zu bleiben, und die tiefe Überzeugung, dass Christsein ohne Gemeinde unvorstellbar ist. Die Gemeinde hat zwei Bedeutungen und Aufgaben: Zuallererst ist sie der Leib Christi mit Jesus als Haupt, doch dann ist sie auch eine Beziehungseinheit in Liebe.

Meine persönliche zweite Bekehrung folgte unmittelbar der ersten. Nachdem ich mich 1978 in einem Gebetskreis bekehrt hatte, passierte nach einigen Wochen Folgendes: Während einer Zeit der Anbetung, in der wir alle in der Regel ganz auf Gott konzentriert waren, ließ ich meinen Blick durch die Gruppe schweifen – und erschrak. Mein Eindruck war: »Lauter alte Frauen.« (Dabei gab es durchaus auch einige jüngere und sogar den einen oder anderen Mann.)

Der nächste Gedanke war: »Hier muss ich am falschen Platz sein.« Ich begann, die Anwesenden mit den Freunden zu vergleichen, mit denen ich bisher Gemeinschaft gehabt hatte. Aber es dauerte nicht lange, da wusste ich zutiefst, dass diese »alten« Frauen mir jetzt näher sein dürfen als all die anderen jüngeren und attraktiveren Menschen. Sie waren meine neuen Geschwister. Nicht, weil sie meine Interessen teilten oder mit mir studiert hatten, sondern weil sie wie ich zu Jesus Christus gehörten.

An diese Entscheidung habe ich mich im Laufe der Jahrzehnte immer wieder erinnert, wenn ich unzufrieden damit war, wie sich Gemeinde anfühlte, und wenn der Gemeindealltag zäh wurde. Ich gehöre dazu, ich will dazugehören, ich darf dazugehören.

> Die zweite Bekehrung beinhaltet die Entscheidung, sich grundlegend als Glied am Leib Christi zu verstehen, den Wunsch, in der Gemeinde zu sein und zu bleiben, und die tiefe Überzeugung, dass Christsein ohne Gemeinde unvorstellbar ist.

Das Wort Gottes offenbart uns Gemeinde als etwas, was über uns Menschen hinausweist, in die Ewigkeit hinein, als ein wichtiger Baustein seines Reiches. Sie ist die Braut Christi! Sie bekommt ihren Glanz hauptsächlich vom Haupt her, als das sich Jesus selbst bezeichnet hat. Die Gegenwart Gottes ist das Entscheidende! Wo zwei oder drei versammelt sind, ist Jesus Christus mitten unter uns (Matthäus 18,20), dort sind wir Kirche.

Doch wie sieht es mit der Liebe aus, ganz konkret, mit der Liebe zu jedem in meiner Ortsgemeinde und von diesem zu mir? Ein weiterer Teil dieser zweiten Bekehrung ist, zu erkennen – durch das

Umkehren unserer Maßstäbe –, wie großartig jegliche Ortsgemeinde ist! Sie stellt nämlich einen unvergleichbaren Haufen von nicht perfekten Menschen dar.

Unvergleichbar: Ich glaube, dass es keine andere vergleichbare Organisation gibt, die so offen für jedermann ist, ob arm oder reich, aus den unterschiedlichsten Bildungs- und Sozialschichten, gesund oder krank, alt oder jung, dass es keine vergleichbare Organisation gibt, die das aushalten würde, ohne sofort einige auszugrenzen (dass wir das auch tun, gehört zum Schmerzlichen).

Nicht perfekt: Das, was uns kennzeichnet, ist nicht Leistung, sondern Gnade, dass jeder so angenommen ist, wie er ist. »Danke, Herr, dass ich so angenommen bin, wie ich bin, und danke, dass du mich nicht so lässt, wie ich bin, aber danke auch, dass ich nicht einen Zustand erreichen muss, mit dem ich endlich deine Annahme verdient hätte.«

Ist das nicht begeisternd, ist das nicht der Ort, wo auch ich sein kann, wie ich bin?

Ich freue mich am Zusammensein mit anderen, gerade in der Herausforderung unserer Schwachheit und Vielfalt – auch wenn mir das im Einzelnen immer wieder Schwierigkeiten bereiten wird –, weil es etwas Besonderes ist, weil es für mich Gnade ausdrückt, dass jeder, also auch ich, Gottes Kind geworden ist.

Die Liebe unter den Geschwistern ist etwas ganz Besonderes und hoffentlich in jeder Gemeinde spürbar. Doch was ist mit der Einheit?

Auch hier habe ich umzudenken (= Bekehrung) gelernt. Hat zu Beginn Einheit für mich Gleichheit bedeutet, im Sinne von dasselbe denken, dasselbe glauben, dasselbe bekennen, dasselbe tun, so tendiere ich jetzt mehr zu einem Verständnis der Einheit in der Vielfalt: Die Gemeinde ist eine Symphonie aus unterschiedlichen Instrumenten, die es mithilfe des Heiligen Geistes schaffen, gemeinsam ein Lied zur Ehre Gottes zu spielen. Das Trennende hat seinen Schrecken verloren, der andere wird zum interessanten anderen, den ich erst einmal kennenlernen und verstehen will. Das verbindet, das schafft Einheit.

Da die zweite Bekehrung in dieser »horizontalen« Ebene der Sicht immer wieder die »vertikale« erkennt, dass wir Leib Christi sind, dass Jesus Christus unser Haupt ist, hilft sie uns, das Trennende zu überwinden.

Die eigene Glaubensbrille abnehmen

Jeder von uns trägt eine Weltbildbrille, das müssen wir uns irgendwann einmal eingestehen, die Brille unserer Kultur, unserer Generation, unserer Ausbildung ... Auch das, was ich glaube, ist meine subjektive Glaubenswelt, geprägt von meiner Familie, meiner Gemeinde und meiner Zeit. So geht es jedem. Ich muss mich fragen, welche Tönung meine Glaubensbrille besitzt.

Innerhalb meiner Gemeinde stimmen im Großen und Ganzen die Tönungen überein, sodass die Täuschung entstehen könnte, so wie wir unseren Glauben, Gott, die Bibel und vieles andere sehen, sei es absolut richtig. Doch können wir all den Christen aus anderen Konfessionen oder Gemeinden ihren Glauben absprechen? Das tun nur wenige sektiererische Gruppen offiziell, aber der Gedanke ist auch bei anderen da. Risse gehen durch den Leib Christi.

Wir unterscheiden immer noch zwischen uns Nahestehenden, anderen Christen und Christen, mit denen wir keinen Kontakt pflegen und deren Welt uns fremd ist, an der wir wahrscheinlich auch vieles verurteilen würden.

Auch bei uns hier in Deutschland gibt es nicht nur die klassischen Konfessionen und Freikirchen, sondern außerdem afrikanische, russische, iranische und noch weitere Gemeinden aus anderen Nationen, nicht zu vergessen die jüdisch-messianischen Gemeinden. Wir alle gehören zusammen.

Aber nicht nur der Vergleich mit anderen christlichen Gruppierungen, sondern auch ein Einblick in die Vielfalt der Kirchengeschichte macht deutlich, dass jeder von uns einiges aus seinem Glauben ausblendet oder überbetont. Keiner sieht das ganze Bild, keiner kann Gott fassen.

Anfänglich mag das Fremde bedrohlich erscheinen, aber wenn wir unsere Ängste überwinden, können wir ein reiches Land betreten. Wir »alten« Christen machen uns auf, den Reichtum unseres Glaubens zu entdecken.

Von anderen Konfessionen lernen

Die in Kapitel 1 erwähnten fünf Dimensionen unseres Glaubens – Glaubenserfahrungen, Glaubensüberzeugungen, Glaubenskonzepte, Glaubenspraxis und Glaubenskonsequenzen – tragen auch die Färbung unserer konfessionellen Brille. »Fremde« Christen können uns viele neue Bereiche aufschließen.

Der Vergleich der christlichen Gruppierungen und der Kirchengeschichte macht deutlich, dass jeder von uns einiges aus seinem Glauben ausblendet oder überbetont.

Ich fragte mich zum Beispiel, welchen Nutzen das Kreuzzeichen bzw. das Sichbekreuzigen haben könnte. Dem Sinn solcher Gesten habe ich früher Worte von Jesus gegenübergestellt, dass wir mit dem Herzen glauben sollen, oder seine Kritik am oberflächlichen Verhalten der Schriftgelehrten bis hin zu den provozierenden Aussagen, dass es sogar solche gibt, die in seinem Namen Wunder tun, Jesus aber nicht kennen. Andererseits wusste ich, dass Handlungen durchaus etwas Inneres bewegen können, vor allem, wenn der Sinn verstanden wird.

Folgende Erfahrung hat mir einen neuen Zugang geschenkt: Für einige Jahre unterrichtete ich an der orthodoxen Universität in Moskau. Der Respekt meiner dortigen Partner gegenüber meiner Glaubensausrichtung und die Bereitschaft, dem auch in der Gemeinschaft Raum zu geben, nahmen mit wachsendem Vertrauen zu. Sie baten mich zum Beispiel, laut persönlich zu beten, was bei ihnen nicht üblich ist.

Bei meinem letzten Besuch entschloss ich mich, als Geste des Respekts ihnen gegenüber das Kreuzzeichen, das ich bei ihnen vor jeder Ikone, auch auf den Straßen, bemerkte und das ich aus katholischen Gottesdiensten von zu Hause kannte, einmal auszuprobieren.

Meine orthodoxen Freunde hatten mir erklärt, dass sie sich dabei mit drei Fingern bekreuzigen, um damit die Dreieinigkeit Gottes auszudrücken und zu verinnerlichen. Zuerst berühren sie die Stirn, im Namen des Vaters, dann den Bauch, im Namen des Sohnes, und dann links den Brustkorb, im Namen des Heiligen Geistes.

Als ich mich das erste Mal im Namen des Vaters, des Sohnes und des Heiligen Geistes bekreuzigte, verspürte ich in der Tat eine ganz tiefe Verbundenheit mit dem Gekreuzigten und Auferstandenen, und das hat bis heute angehalten.

So gewinnen wir etwas, wenn wir die nahen wie die fernen Geschwister entdecken, nicht in einem oberflächlichen geistlichen Flair, sondern als Menschen, als echte Gegenüber mit ihren Regen- und Sonnenzeiten.

Mindestens zu zweit: Synergien nutzen

Im Alten Testament findet sich eine sehr bemerkenswerte Geschichte (1. Mose 11,1-9): der Turmbau zu Babel. Da stellt Gott fest – ich betone: Er stellt fest –, dass die Bewohner Babels eines Sinnes sind und ihnen deshalb keiner mehr etwas verwehren kann. Deshalb stört er diese Einheit durch die Sprachverwirrung.

Einheit macht nicht nur stark, sondern gemeinsam gelingt mehr als die Summe der Einzelleistungen. Ein viel zitiertes Beispiel ist ein Ochsengespann: Wenn ein Ochse 300 Kilogramm ziehen kann, wie viel ziehen dann zwei? Der Mathematiker würde vielleicht antworten: 600 Kilogramm, aber das stimmt nicht. Wenn sie in die gleiche Richtung ziehen, dann schaffen sie etwa 700 Kilogramm. Auch beim Bau macht man sich dieses Prinzip zunutze. Wenn ein Brett über einen Bach 80 Kilogramm trägt, dann tragen zwei gleiche Bretter übereinandergelegt nicht nur 160 Kilogramm, sondern wahrscheinlich 200 Kilogramm oder mehr. Dieser »Mehr-Gewinn« heißt Synergie, und Synergie gilt als ein Schöpfungsprinzip. Diese Synergie ist sicher ein Grund dafür, warum Jesus seine Jünger zu zweit ausgesandt hat. Die Kraft der Einheit zu entdecken, ist ein Bestandteil der zweiten Bekehrung.

In einem Seminar, in dem ich über Synergie lehrte, behauptete ich, dass überall, wo wir sind, am Arbeitsplatz, in der Nachbarschaft, immer »ein Zweiter«, ein Synergiepartner, vorhanden ist. Ein Teilnehmer meldete sich und sagte, dass er bestimmt der einzige Christ in seiner großen Organisation sei. Er kenne niemanden sonst. Ich sagte, dass ich überzeugt sei, dass Gott irgendwo einen zweiten »versteckt« hätte. Beim nächsten Treffen erzählte er Folgendes: Bei einer Konferenz leitender Mitarbeiter wollte er mit einer Kollegin einen neuen Termin vereinbaren. Sie schauten gemeinsam in ihre Terminkalender, und was durfte er entdecken? An einem Wochenende hatte sie eine christliche Konferenz eingetragen, die er auch besuchen wollte.

In der Bibel finden sich im Alten Testament Beispiele für beides – Mose hatte seinen Bruder Aaron zur Seite, Josua Kaleb, aber Josef war allein in Ägypten. Doch im Neuen Testament waren die Jünger und später die ersten Missionare mindestens zu zweit unterwegs.

Gott sieht uns nicht als Einzelkämpfer und wir sollten uns nicht als Einzelkämpfer verstehen.

Gott sieht uns nicht als Einzelkämpfer und wir sollten uns nicht als Einzelkämpfer verstehen, nicht am Arbeitsplatz, nicht in der Freizeit, nicht in der Gemeinde.

Zum Leib Christi gehören nicht nur die Christen meiner Gemeinde, sondern alle. Ich bin mit allen Christen weltweit verbunden. Das heißt auch: Mein kleiner, bescheidener Beitrag wird durch andere bescheidene Beiträge von Millionen von Christen ergänzt zum größten Projekt dieser Weltgeschichte. Ich will dabei sein!

Die dritte Bekehrung

Neben der Bekehrung zu Jesus Christus und zur Gemeinde gibt es eine dritte Bekehrung, die Bekehrung zur Welt. Denn Gottes Welt umfasst alles, seine ganze Schöpfung und auch die gottfernen Menschen. (Und nicht alle gottfernen Menschen sind Gott fern.) »Welt« darf hier nicht verwechselt werden mit weltlich, im Sinne von fleischlich, sündig oder dem Wunsch, ohne Gott auszukommen. Welt ist hier als Schöpfung gemeint.

Wie alle Umkehrbewegungen, also Schritte »von etwas weg, hin zu etwas Neuem«, ist die Bekehrung zur Welt mit Ängsten verbunden, dass das Bisherige zu kurz kommen und dass das Neue mich vom Glaubensweg abbringen könnte.

Rücksicht auf das Gewissen
Wie weit geht unsere durch Christus geschenkte Freiheit bei einer Hinwendung zur gesamten Schöpfung? Paulus diskutiert dies vor allem im ersten Korintherbrief anhand der Frage, ob man Götzen geweihtes Fleisch essen darf oder nicht.

> Es ist alles erlaubt, aber nicht alles ist hilfreich. Es ist alles erlaubt, aber nicht alles ist gut. Denkt nicht an euren eigenen Vorteil, sondern an die anderen und an das, was für sie am besten ist. Haltet euch an Folgendes: Ihr dürft alles Fleisch essen, das auf dem Markt verkauft wird. Fragt nicht, ob es Götzen dargebracht wurde oder nicht; dann wird euer Gewissen gar nicht erst belastet. Denn »die Erde und alles, was darauf ist, gehört dem Herrn«. Wenn jemand, der nicht an Christus glaubt, euch zum Essen einlädt, dann nehmt die Einladung an, wenn ihr wollt. Esst, was immer euch angeboten wird, und stellt keine Fragen. Euer Gewissen braucht darüber nicht beunruhigt zu sein. Doch wenn euch jemand warnt, dass dieses Fleisch den Götzen dargebracht wurde, dann esst es nicht, und zwar aus Rücksicht auf denjenigen, der euch davor gewarnt hat. Für euch wäre es vielleicht keine Sache des Gewissens, für ihn aber schon. Doch warum sollte ich meine Freiheit einem anderen zuliebe beschneiden lassen? Wenn ich Gott für das Essen danken und es genießen kann, warum sollte ich dann dafür verurteilt werden, dass ich es esse? Was immer ihr esst oder trinkt oder tut, das tut zur Ehre Gottes! Gebt den Juden oder den Nichtjuden oder der Gemeinde Gottes keinen Anlass, sich über euch zu ärgern. Ich selbst halte es auch so. Ich versuche, in allem,

was ich tue, allen zu gefallen. Ich tue nicht einfach, was mir gefällt oder was für mich am besten ist, sondern ich tue, was für sie am besten ist, damit sie gerettet werden.

1. Korinther 10,23-33 NLB

Paulus' radikale Schlussfolgerung möchte ich hier für uns aufnehmen: Im Herzen der dritten Bekehrung steht nicht mehr die Frage »Was ist verboten?«, sondern »Was baut auf?«, aber nicht nur mich selbst, sondern »Was baut den anderen auf?«, mit der schwierigen Herausforderung, das Gewissen des anderen dabei zu achten.

Nicht jeder Film, den ich anschaue, nicht jedes Buch, das ich lese, würde ich jedem anderen empfehlen. Ich prüfe mich zunächst selbst, welche Wirkung der Film oder das Buch auf mich hat, ob ich vor Gott ein gutes Gewissen behalte, und letztlich auch, ob mich diese Medien erbauen, also meiner Beziehung zu Gott guttun. Anschließend prüfe ich, ob auch andere dadurch erbaut werden können.

Ein Beispiel: Bevor ich Psychologie studierte, hatte ich die Fächer Germanistik und Geschichte belegt. Später bin ich über zwanzig Jahre kaum dazu gekommen, mich der Literatur zuzuwenden. Dann habe ich doch mal wieder einen alten »Klassiker« in die Hand genommen und gelesen, Sartres »Der Ekel«[29]. Ich war fasziniert von der konzentrierten Sprache, ihrer Diktion und Botschaft des Ekels. Ich verstand Sartres Weltsicht, obwohl ich sie nicht teile. Und im gewissen Sinne hat mich die Lektüre dieses Buches erbaut, indem sie die Schönheit unseres Glaubens in meinen Augen als Kontrast verstärkt hat. Für mich ist es also kein Problem, atheistische Existenzialisten zu lesen, aber allgemein weiterempfehlen würde ich das nicht.

Eine weitere Angst bezüglich der dritten Bekehrung möchte ich ansprechen: die Angst, unter fremdem Joch mit Ungläubigen zu ziehen.

»Macht nicht gemeinsame Sache mit Menschen, die nicht an Christus glauben und daher andere Ziele verfolgen als ihr. Oder haben Gerechtigkeit und Gesetzlosigkeit irgendetwas miteinander zu schaffen? Gibt es irgendeine Gemeinsamkeit zwischen Licht und Finsternis?« (2. Korinther 6,14). Luther übersetzt wörtlicher: »Zieht nicht unter fremdem Joch mit den Ungläubigen.«

Dieser Rat des Paulus gilt, er darf aber nicht so ausgelegt werden, dass Christen jeglichen Kontakt zu Ungläubigen vermeiden sollten. Ich verstehe die Verse so, dass wir uns in Bezug auf Glaubensangelegenheiten, Werte und Lebensziele nicht in ein gleiches Joch spannen lassen sollen, in dem der Ungläubige die Führung übernimmt.

Wichtig ist die selbstkritische Frage, inwieweit mich die Weltanschauung und die Argumente eines anderen verunsichern und beeinflussen. Dabei ist es durchaus gut, wenn wir bereit sind, uns infrage zu stellen oder herausfordern zu lassen. Aber wir dürfen unsere Widerstandskraft auch nicht überschätzen, selbst wenn wir als langjährige Christen eine geistliche Standfestigkeit gefunden haben. Vor allem dann, wenn es sich beim anderen um einen »Missionar« für eine andere Weltanschauung handelt, wenn er uns aktiv in seine Weltanschauung ziehen will, müssen wir uns fragen, wie nahe wir die Beziehung gestalten wollen und wie standfest wir in dieser Hinsicht sind.

Ich werde die dritte Bekehrung zunächst in Bezug auf die Beziehung zu anderen Menschen näher besprechen und dann verdeutlichen, dass wir auch in unserem beruflichen und gesellschaftlichen Umfeld nach dem Reich Gottes trachten sollen.

Meine Beziehung zu allen Menschen

Welches Bild habe ich, wenn ich das Wort »Nicht-Christ« höre? Ist es ein Schwarz-Weiß-Bild? Ich bin auf der Seite des Lichts, der andere ist auf der Seite der Finsternis, ich auf der Seite des Lebens, der andere auf der Seite des Todes, ich auf der Seite des Guten, der andere auf der Seite des Bösen?

In bestimmten Situationen kann so ein Bild durchaus etwas Zutreffendes charakterisieren, aber in der Regel gibt es nicht die Realität wieder. Da jeder Mensch zunächst ein Geschöpf Gottes ist, das wird keiner infrage stellen, hat Gott zu jedem Menschen eine

Beziehung. Gott ist der Grund, warum es jeden Menschen gibt. Gott kennt jeden Menschen, er liebt jeden. So wie er mich permanent vor seinen liebenden Augen hat, sieht er auch all die anderen Menschen. Das Entscheidende in meinem Leben, wie im Leben jedes Menschen, ist die Tatsache der Beziehung Gottes zu mir.

Der wichtige Unterschied zwischen Christ und Nicht-Christ besteht darin, dass wir eine bewusste, versöhnte Beziehung mit Gott leben wollen und können und dieser uns durch den Heiligen Geist in unseren Herzen ganz nahe ist.

Notwendig ist es weiterhin, zu erkennen, dass nicht alle Nicht-Christen gleich sind. Unter den Menschen aus unserem Kulturkreis treffen wir auf Enttäuschte vom Glauben, vom Christentum oder der Kirche oder sogar von Christen Verletzte. Wir begegnen gleichgültigen Menschen, andere wiederum sind unentschieden, ob es Gott gibt oder nicht, oder »Notnagel-Atheisten«, die den Glauben eigentlich als Unsinn betrachten, aber in Notsituationen Ja zu Gott sagen. Da gibt es weiterhin magisch denkende Menschen, die an Horoskope, Glücksbringer oder an Schicksal, Pech und Glück glauben. Es gibt natürlich auch die antiautoritären Atheisten, die mit Gott negative Autorität verbinden, oder Intellektuelle, die den Glauben als dumm oder mittelalterlich betrachten, und, nicht zu vergessen, die Esoteriker, stark erlebnisorientiert. Außerdem gibt es die Anhänger anderer Religionen.

> Ein wichtiger Unterschied zwischen Christ und Nicht-Christ besteht darin, dass Christen eine bewusste, versöhnte Beziehung mit Gott leben wollen und können und dass Gott Christen durch den Heiligen Geist in ihren Herzen ganz nahe ist.

Vor Jahren traf ich auf die Engel-Skala, die meinen eigenen Weg zu und mit Gott gut abbildet.[30] Irgendwann war jeder Mensch im Minus-Bereich, auch wenn er nicht unbedingt bei −8 beginnt. Die Bekehrung markiert die Stunde null. Als langjährige Christen befinden wir uns im Plus-Bereich, wo alle »Pluspunkte« eine Rolle spielen sollten.

	+4ff	Weiteres geistliches Wachstum ...
	+3	Lieben, Dienen, Glauben-Weitergeben
	+2	Nachfolge, Heiligung, Haushalterschaft
	+1	Gebet, Bibel, Gemeinschaft
		Bekehrung/Wiedergeburt/Taufe: »Jesus, komm in mein Leben!«
	−1	Entscheidung zur Lebensübergabe: »Ich möchte Christ werden!«
	−2	Persönliches Betroffensein: »Ich bin gemeint!«
	−3	Näheres Interesse: »Ich möchte mehr darüber wissen.«
	−4	Verstehen der Guten Nachricht: »So hat mir das noch keiner gesagt.«
	−5	Interesse am christlichen Glauben: »Jeder Mensch braucht einen Halt im Leben.«
	−6	Verschwommenes Bild vom christlichen Glauben: »Ein bisschen Moral kann nicht schaden.«
	−7	Rechnen mit einem »höheren Wesen«: »Irgendwer muss das doch alles gemacht haben.«
	−8	Ablehnung alles Übernatürlichen: »Ich glaube nur, was ich sehe.«

Und die anderen Religionen?

Nach jahrzehntelanger Nachfolge kann nicht nur eine »weltanschauliche oder interreligiöse« Dialogreise mit jedem Menschen beginnen, das sicher auch, aber vor allem entdecke ich das Abenteuer Mensch, denn jeder ist zuallererst ein Geschöpf Gottes, ein Geliebter und ein potenziell Erlöster.

Interessant ist nun, welche der drei Möglichkeiten, die ich als Grundhaltungen des interreligiösen Dialoges kennengelernt habe, wir in der Begegnung mit den Menschen einnehmen:

- Alle haben recht: Alle Menschen, auch wir Christen, besitzen begrenzte Erkenntnis. Keiner besitzt also die ganze Wahrheit.
- Die ausgrenzende Einstellung: Die individuellen nicht christlichen Weltanschauungen liegen alle verkehrt, weil sie als Ausgangspunkt Rebellion gegen Gott haben, ein dämonisches Wirken darstellen, sich auf Werkgerechtigkeit verlassen oder auf persönlichen existenziellen Erfahrungen gründen, aus denen Menschen ihr eigenes Weltanschauungsgebäude schneidern.

- Die sogenannte inklusive Position: Wir finden Hinweise auf den dreieinigen Gott, den Vater, den Sohn und den Heiligen Geist, in allen persönlichen Weltanschauungen aufgrund des allgemeinen Segenswirkens Gottes und seiner vorauseilenden Gnade.

Die Entscheidung für eine dieser drei Positionen wird auch unsere alltäglichen Beziehungen zu Nichtchristen prägen.

Persönlich scheint mir die dritte Position der Wahrheit am nächsten zu kommen. Warum? Weil Gottes Güte uns zur Umkehr treibt und weil ich deshalb davon ausgehen kann, dass diese Güte für jeden Menschen erfahrbare Spuren hinterlassen hat, unbedeutend, ob er in einer christlichen Kultur aufgewachsen ist oder nicht.

Wir können Spuren Gottes in jedem Menschen aufspüren.

Schon lange bevor ich Christ wurde, habe ich in der Not gebetet. Auch als Nicht-Christ habe ich mich zum Beispiel um behinderte Menschen gekümmert. Ich habe Gottes Eingreifen erlebt, ohne dies als solches zu erkennen. Auch war ich überzeugt, dass mein Leben einen Sinn hat. Mehr als wir denken, hat jeder Mensch schon irgendeine Erfahrung mit Gott gemacht.

Wir können gleichzeitig ein Dreifaches in jedem Menschen wahrnehmen:
- die Sehnsucht jedes Menschen nach Gott,
- den Schaden, den die Sünde in und durch sein Leben angerichtet hat, und
- die unendliche Gnade, die in Jesus Christus für jeden bereitliegt und die schon ihre Spuren zeigt.

Und so gilt es, Gottes Spur im Leben jedes Menschen zu erwarten, zu entdecken (helfen) und Anstöße zur tieferen Umkehr zu geben.

Die Zeit, in der andere auf das Ziel Bekehrung reduziert werden, ist vorbei. Wir wollen Beziehungen bauen mit Interesse und Respekt voreinander. Im vibrierenden Alltag haben wir gelernt, uns zu zeigen, mit unseren Stärken und Schwächen, mit unseren Siegen und

Niederlagen. Und wir können Ja und Nein sagen in Beziehungen, was Vertrauen baut.

Ein provokatives Beispiel

Ein Verwandter heiratete vor ein paar Jahren eine taiwanesische Frau, er Christ, sie Buddhistin. Wir lernten auch ihre Familie kennen und schätzen. Zur Hochzeitsfeier besuchten wir sie in ihrem Heimatland und erlebten Folgendes:

Die Braut und ihre Familie hatten vor ein paar Jahren durch eine ernsthafte und tiefere Hinwendung zu ihrem buddhistischen Glauben eine Lebenswende vollzogen. Die Eltern bezeugten, dass das ihre Ehe gerettet habe. Sie haben gelernt, von ihrem Besitz abzugeben, und setzen ihre Zeit dafür ein, ihren Glauben besser zu verstehen.

Die Einheit, die ich an ihnen und mit ihren Freunden aus der gleichen buddhistischen Glaubensgemeinschaft wahrnehmen konnte, erinnerte mich sehr an die Einheit in unseren Gemeinden: Sie freuten sich, einander zu sehen, umarmten sich und waren fröhlich. Und als dann noch einige ihre Instrumente auspackten und Lieder sangen, hörte ich die gleiche Freude und Begeisterung aus den Liedern wie bei unseren Lobpreisteams. Wenn ich sie auf der Straße getroffen hätte, hätte ich sie vielleicht als vermeintliche Mitgeschwister begrüßt, da ich ja den Text nicht verstand.

Im Prinzip erlebten sie und erzählten sie mir, was ich auch erzählt habe, als ich zum Glauben gefunden hatte, nur hatten sie sich eben zum buddhistischen Glauben bekehrt. Wenn man genauer hinsah, sprachen sie davon, dass sie vieles tun, um ein besseres Karma zu erlangen, wo ich von der Gnade um Jesu willen berichtet hätte. Die guten Werke geschehen nicht, damit ich gerettet werde, sondern weil ich gerettet bin. Das ist ein gravierender Unterschied. Aber im Prinzip sprachen sie von einer Bekehrung, deren Auswirkungen ich ihnen anmerkte.

War dies das Wirken des Heiligen Geistes außerhalb seiner Kirche? Etwa entsprechend der inklusiven Position im interreligiösen

Dialog? War es eine Imitation des Bösen, wie es die ausgrenzende Position deuten könnte? Oder gibt es noch eine andere Erklärung?

Ich glaube, die Erklärung hängt mit unserem Menschenbild zusammen, wozu mir, biblisch verstanden, in diesem Zusammenhang Folgendes wichtig ist:

Der Sündenfall hat nicht alles zerstört, er hat eine Sehnsucht nach Gott im Menschen gelassen, eine tiefe Erinnerung, wer der Mensch als Ebenbild Gottes einmal war. Dazu gehört auch die menschliche Fähigkeit, durch Einsicht von einem der Liebe abgewandten Lebensstil umzukehren und das dann als lebensverändernd wahrzunehmen. Das Erlebnis einer persönlichen Umkehr und seiner lebensförderlichen Auswirkung ist nicht nur uns Christen vorbehalten. Diese Erfahrung machen auch andere.

Alle fünf Dimensionen sind wichtig

Deshalb müssen wir Glaubenserfahrungen, als eine der fünf Dimensionen unseres Glaubens, durch die anderen Dimensionen ergänzen. Erfahrungen dürfen unseren Glauben stützen und stärken, wir sollten aber damit zurückhaltender werden, »Glaubenserfolge« als Beweise auszugeben.

Unser ganzes Leben ist ein Zeugnis für unseren Glauben. Wir sind dank der Erlösung durch Jesus befähigt, das Leben anzunehmen mit seinem Mangel, seiner Sehnsucht, seinem Suchen und seiner Erfüllung. Wir müssen uns bewusst sein, dass Mangel, ebenso wie die Sehnsucht, das Suchen nach Erfüllung und die Erfüllung selbst alle gleichberechtigt zum Leben, auch eines Christen, dazugehören.

Wie lässt sich das verstehen?

- Jede Mangelerfahrung kann eine Erinnerung an die eigene Unvollkommenheit und Ergänzungsbedürftigkeit und an das Beziehungsangebot Gottes sein. Sie ist eine erneute Aufforderung, sich Gott, der allein allen Mangel stillen kann, zuzuwenden.

- Jede Sehnsucht danach, verstanden zu werden, nach Liebe, nach Sinn, zeugt von unserer Lebendigkeit. Wir sind keine Statuen, die in sich ruhen und alles schon in sich enthalten, sondern wir sind unterwegs. Jede Sehnsucht kann auch unsere Hoffnung wachsen lassen, dass Gott wirklich noch viel mehr für uns bereithält, als wir bisher empfangen haben.
- Jedes Suchen kann uns unsere Fähigkeit, überhaupt suchen zu können, also aktiv zu sein, zu handeln, unser Leben zu gestalten, etwas zu bewirken und zu erreichen, bewusst machen. Es kann uns die Augen nicht nur für den Mangel, sondern auch für den Reichtum des Lebens zeigen, in dem es etwas zu suchen gibt.
- Jede Erfüllung, Nähe und Einheit, Versöhnung und Verstehen, Sinnerfahrung kann uns dankbar werden lassen und aus der Erfahrung des Beschenktwerdens den Wunsch wachsen lassen, selbst zu geben und wieder zu empfangen.

Mangel, Sehnsucht, Suchen und Erfüllung gehören zu unserem Leben und ergeben Sinn. Eine Erfolgsstory aus einer anderen Glaubenswelt wie die oben beschriebene widerspricht somit nicht dem christlichen Glauben, sondern zeigt, dass diese Grundbedürfnisse in jedem Menschen vorhanden sind.

> Wir müssen uns bewusst sein, dass Mangel, ebenso wie Sehnsucht, Suchen nach Erfüllung und Erfüllung selbst alle gleichberechtigt zum Leben dazugehören.

Wenn wir von uns erzählen, bezeugen wir, dass wir von etwas überzeugt sind, dass wir es mit Gott erlebt haben und dass wir dafür beten. Wir riskieren mit manchem Zeugnis, dass Beziehungen herausgefordert werden, aber vertrauen darauf, dass der andere aushält, dass wir Christen sind, und dass eines spürbar wird: »Das Reich Gottes steht nicht in Worten, sondern in Kraft« (1. Korinther 4,20).

Die Liebe Gottes und seine Gegenwart in uns und sein Segen auf uns, das ist die Kraft, auf die wir vertrauen. Das wird begleitet von der Gewissheit, dass wir angenommen sind, in unseren Stärken und Schwächen, von uns selbst und vor allem von Gott.

Das gibt uns eine unwahrscheinliche Autorität, sodass Ströme lebendigen Wassers von uns ausgehen (Johannes 7,38). Dieses Wasser können die anderen wahrnehmen, auch wenn wir selbst es nicht tun. Darauf können wir vertrauen. Darauf können wir uns in Beziehungen verlassen.

Die Herausforderung der dritten Bekehrung

Eine Herausforderung möchte ich nicht verschweigen. Die Begegnungen mit Nichtchristen können für uns auf verschiedenen Ebenen anziehend und interessant sein. Wir treffen vielleicht auf Menschen, die sich für die gleichen Dinge interessieren wie wir und für die sich in der Gemeinde kaum jemand interessiert. Wir begegnen vielleicht Menschen, die in der gleichen Art und Weise das Leben anpacken, wie wir es in der Gemeinde vermissen. Ein Mangel in der zweiten Bekehrung kann in solchen Fällen leicht dazu führen, dass wir uns von der Gemeinde distanzieren, wenn wir in diesen Kontakten zu Nichtchristen mehr Wertschätzung und Inspiration erleben und uns dort immer mehr zu Hause fühlen.

Trotzdem dürfen wir diesem Abenteuer Mensch nicht ausweichen. Es gehört zu unserer Glaubensentwicklung, dass wir Feindbilder ablegen und diese Welt mit Gottes Augen sehen lernen. Schließlich ist es unsere Entscheidung, ob wir uns dadurch von der Gemeinde abwenden oder nicht.

Licht der Welt

Einer meiner Kollegen war Mitglied des Elternbeirates der örtlichen Grundschule. Mit der Zeit fragte er sich, ob es Sinn hatte, dass er dabei half, all diese Entscheidungen zu treffen, zum Beispiel über Pausenregelungen und Raumgestaltungen. Doch als er einmal zu spät zu einer Sitzung kam, hörte er von draußen, wie die anderen über bestimmte Personen herzogen und diese übertrieben abqualifizierten. Als er danach den Raum betrat, verstummte das Gespräch, bewegte sich wieder mehr mit Wertschätzung. Scheinbar hatte seine Gegenwart bisher solche Entgleisungen verhindert, ohne dass er sich bewusst als Christ geoutet hatte.

Jesus sagt, dass wir das Licht der Welt sind (Matthäus 5,14), dass wir sein Licht in uns tragen und in unsere Beziehungen einbringen. Das Licht Christi, das in uns ist, leuchtet, dessen können wir uns sicher sein, ob wir es selbst wahrnehmen oder nicht, weil er sich nach den anderen sehnt. Vielleicht gerade deswegen führt uns die dritte Bekehrung nicht in einen Aktionismus in der Welt, sondern dazu, dabei zu sein, Licht zu sein, ohne dass wir etwas Besonderes tun müssen.

> Es gehört zu unserer Glaubensentwicklung, dass wir Feindbilder ablegen und diese Welt mit Gottes Augen sehen lernen.

Somit lautet das Abenteuer »Näher. Schöner. Weiter.«: dabei sein in der Welt, diese Welt immer mehr mit Gottes Augen sehen lernen und Gottes Spur im Leben jedes Menschen entdecken (helfen).

Das Reich Gottes in allen Beziehungen und Rollen

Bisher wurde die dritte Bekehrung unter dem Aspekt der Beziehung zu Einzelnen beschrieben. Aber alle diese Beziehungen vollziehen sich nicht im »luftleeren« Raum, sondern in bestimmten Rollen und Strukturen, im Rahmen der Familie, der Nachbarschaft, in der Freizeit, in gesellschaftlicher Verantwortung, im Ehrenamt und im Beruf. In diese Aktionsräume gilt es hineinzugehen, sich hineinsenden zu lassen.

Überall dort ist Reich Gottes, ist Raum, wo Gottes Wille geschieht (weil er dort Sein und Leben aufrechterhält) und wo wir aktiv Offenheit für Gottes Wirken anstreben können. Wir sind die Stadt auf dem Berge, wir sind das Salz und das Licht der Welt. Getragen von unserer Gottesbeziehung, unterstützt als Glieder im Leib Christi, nehmen wir unseren Platz in den verschiedenen Räumen dieser Welt ein.

Grundlegend wird hierfür sein, ob wir in unserem Verständnis dieser Welt von einem »schwachen Theismus« oder von einem

»starken Theismus« geprägt sind. In einem schwachen Theismus glauben wir zwar an einen Schöpfergott, glauben an die Erlösung durch Jesus Christus, aber wir verstehen diese Welt als sich selbst überlassen. Seit der Schöpfung läuft in ihr alles nach bestimmten Gesetzen. Unsere Aufgabe besteht nur darin, in irgendeiner Weise Gott hinzuzufügen, durch Evangelisierung, durch Gebet, durch ethisches Verhalten und unseren praktischen Einsatz.

Der starke Theismus hingegen ist davon überzeugt, dass alles bis auf den heutigen Tag und solange es existiert, von Gott gehalten ist und es nichts gibt, was ohne ihn wäre und ohne ihn verstanden werden könnte. Gottes Aktivität wird nicht auf eine bestimmte Zeit oder einen bestimmten Raum begrenzt, sondern sie ist grundsätzlich räumlich und zeitlich unbegrenzt. Gott ist nicht nur eine Hinzufügung zu Theorie und Praxis bestehender »neutraler« Welterklärungen. Bei allem, was wir tun, nicht nur bei »frommen Aktivitäten« wie Gebet oder Bibellesen, wird das Wirken Gottes vorausgesetzt und erwartet.

Grundsätzlich, also für jeden, ob Ingenieur, Lehrerin, Briefträger, Juristin, Krankenschwester, Verkäufer usw., bedeutet das: Ich bin nicht nur ein Christ an einem neutralen oder gar unchristlichen Arbeitsplatz, sondern mein Arbeitsplatz und meine eigentliche Aufgabe dort sind zutiefst geprägt von Gott.

Das wahrzunehmen und das mitzugestalten, ist eine Herausforderung der dritten Bekehrung. Dazu gehört auch, das Wirken Gottes durch die nicht christlichen Kollegen zu respektieren und wertzuschätzen.

Dieser Blickwechsel fordert jeden heraus, sich nicht nur allein, sondern auch gemeinsam mit anderen Christen mit gleichen Arbeitsplätzen und Verantwortungsbereichen auf die Suche zu machen, was das konkret bedeutet.

Die Herausforderung für die Gemeinde
Diese Herausforderung ist verbunden mit einem Wunsch an die Gemeinden. Denn die dritte Bekehrung bringt nicht nur den Ein-

zelnen ins Fragen, sondern dieser braucht auch die Unterstützung und meist ein Umdenken in der Gemeinde.

Die Bewegung des Einzelnen nach außen, die auf keinen Fall verhindert werden sollte, steht in der Gefahr, bei der Gemeinde – bei Einzelmitgliedern wie auch der Gemeindeleitung – Misstrauen hervorzurufen oder zumindest eine Sorge um die geistliche Entwicklung des anderen. So kann ein Teufelskreis in Bewegung gesetzt werden: Die Sorge oder das Misstrauen führen zu kritischen Nachfragen, diese wiederum zu mehr Rückzug des Gemeindemitglieds und so weiter.

Der Herausforderung unterstützend zu begegnen, braucht zunächst ein Verständnis für diese Entwicklung eines langjährigen Christen und dann Räume, diese Gemeindemitglieder zu senden. Das kann ein wenig den Geschmack des Loslassens mit sich bringen, wird aber letztlich Räume öffnen, diesen Menschen und seine Erfahrungen für die Gemeinde fruchtbar zu machen.

Vor allem kleinere Gemeinden kommen hier an die Grenze ihrer Belastbarkeit und ihrer Zeit, um die unterschiedlichen Erfahrungen wirklich nutzbar zu machen. Hier zahlt es sich aus, übergemeindlich zusammenzuarbeiten, um zum Beispiel Menschen, die in verschiedenen säkularen Bereichen unterwegs sind, miteinander zu vernetzen.

In einer Gemeinde wurden kürzlich zu einem Segnungsabend alle, die in einer pädagogischen Berufstätigkeit stehen, eingeladen. Das finde ich gut. Und ich schlage noch andere Segnungsabende vor: für Menschen, die in der Technik arbeiten, die im Verkauf tätig sind, die ihre Eltern oder andere Verwandte pflegen. Die Sorge, die nicht unberechtigt ist, dass sich der Einzelne isoliert, kann dann zu einer echten unterstützenden Begleitung führen.

Hier draußen ist Kirche

»Sonntagmorgen – ein wichtiger Termin. Den sollte niemand verpassen, der dazugehören will.« So beginnt Klaus Maser seinen Artikel »Christ in der Feuerwehr« in der Zeitschrift Aufatmen.[31] Dieses

Sonderheft 2011 trägt den Titel »Glaube am Montag. Hier draußen ist Kirche« und passt bestens zur dritten Bekehrung.

Klaus Maser fährt fort: »Ich spreche nicht vom Gottesdienst, sondern von der regelmäßigen Übung der Freiwilligen Feuerwehr. Schwierig, wenn man - wie ich - beiden Welten angehört.«

Dann berichtet er von den Herausforderungen, sich in der Feuerwehr einzugliedern - wie viel Bier darf er trinken, welche Lieder mitsingen? Zu seiner Überraschung musste er feststellen, dass Gott ihn weiterhin bei der Feuerwehr haben wollte. Und er begann, Vision für sein Dasein in der Feuerwehr zu entwickeln. »Von nun ab war Feuerwehr Gottesdienst für mich ... Es ist erstaunlich, wie anders man ein Umfeld erlebt und wie kreativ man wird, wenn man ein entschlossenes Herz und eine klare Vision hat. ... Ich war nicht weniger fromm - aber die anderen spürten, dass ich ein Herz für die Feuerwehr hatte.«

Von da an konnte er durch seinen Glauben mitprägen, was in seinem Feuerwehrteam ablief. Denn auch dort ist Kirche.

6. Was bleiben soll: Meine fünf Claims gelebten Glaubens

Wenn ich jetzt, am Ende dieses Buches, nach vorne schaue und mich frage, was für mich bleiben soll oder wo ich Schwerpunkte für die Zukunft setzen will, auf die ich mich ausrichte, mein Streben, mein Beten, für die ich meine Zeit gebe, dann ist das zunächst einmal eine Absichtserklärung, mehr nicht, auch wenn ich da und dort schon einige Erfahrungen sammeln durfte.

Meine Baustellen der Zukunft habe ich etwas poetisch Claims genannt, meine Schürfrechte als Goldsucher. Göttliches Gold.

Manchmal ist Goldschürfen einfach, meistens aber anstrengend und sogar frustrierend. Egal wie, die Freude ist, inmitten von all dem Kies der Flüsse dann doch ein Goldkörnchen zu entdecken.

Auf meinem Weg im Glauben in die Länge, Breite, Höhe und Tiefe will ich nach diesen Goldkörnchen schürfen. Paulus beschreibt dies sehr eindrücklich:

> Es ist mein Gebet, dass Christus aufgrund des Glaubens in euren Herzen wohnt und dass euer Leben in der Liebe verwurzelt und auf das Fundament der Liebe gegründet ist. Das wird euch dazu befähigen, zusammen mit allen anderen, die zu Gottes heiligem Volk gehören, die Liebe Christi in allen ihren Dimensionen zu erfassen – in ihrer Breite, in ihrer Länge, in ihrer Höhe und in ihrer Tiefe. Ja, ich bete darum, dass ihr seine Liebe versteht, die doch weit über alles Verstehen hinausreicht, und dass ihr auf diese Wei-

se mehr und mehr mit der ganzen Fülle des Lebens erfüllt werdet, das bei Gott zu finden ist.

Epheser 3,17-19

Für mich habe ich diese vier Dimensionen Länge, Breite, Höhe und Tiefe frei so bezeichnet: Ich wünsche mir und erbitte mir eine Zukunft geprägt von echtem Leben (Länge), das offen ist für Neues (Breite), das voller Sinn ist (Höhe) und zu dem ich von Herzen Ja sagen kann, aus eigener Freiheit (Tiefe), auch zu dem, was mir nicht so leichtfällt. Oder kurz: Näher. Schöner. Weiter.. Dafür möchte ich mich einsetzen und nicht aufhören, zu schürfen. Die Grundlage und das Wichtigste dafür ist für mich dies: Christus soll und darf in meinem Herzen wohnen.

Wenn ich jetzt meine Claims abstecke, können auch Sie überlegen: Wo wollen Sie als Fazit aus diesem Buch in den nächsten Jahren hin, wo wollen Sie schürfen?

Meine Claims sind sehr persönlich. Es sind Orte, wo die entstaubten alten und die neuen Schätze leuchten sollen. Ich teile sie mit Ihnen und hoffe, weil sie recht persönlich sind, nicht missverstanden zu werden. Sie sollen Sie nicht zur Nachahmung, sondern zu Ihren eigenen persönlichen Claims herausfordern.

Wissen, verstehen, staunend leben

Es gibt noch viel, was wir nicht wissen, auch an biblischer Offenbarung. Und vieles wissen wir zwar, aber haben wir es verstanden? Und wenn wir es verstanden haben, beeinflusst es unser Leben?

Leben mit einer sicheren Unsicherheit

»Was ist denn der Glaube? Er ist ein Rechnen mit der Erfüllung dessen, worauf man hofft, ein Überzeugtsein von der Wirklichkeit unsichtbarer Dinge« (Hebräer 11,1).

Ich bin überzeugt von der Liebe Gottes. Ich glaube, dass Gott in Jesus wirklicher Mensch geworden ist und unter uns gelebt hat –

all diese und weitere unfassbare, große und wunderschöne Gewissheiten glaube ich, die ich im christlichen Glaubensbekenntnis gern bekenne. Ich glaube auch, dass ich im Gebet des Vaterunsers um alles bitte, was wir zum Leben brauchen, und dass Gott gern gibt. Solche Glaubensgewissheiten geben mir einen festen Halt, vor allem die Gewissheit, dass ich mit diesem Gott eng verbunden bin und dass er daran ein (noch) viel größeres Interesse hat als ich. Das schafft mir Identität. Ich weiß, wer ich bin: Sein bin ich. Gott ist. Und auch: Ich bin.

Ich lebe. Ich atme. Ich darf sein. Ich denke. Ich bete. Ich leide. Ich rede. Ich lache und freue mich. Ich bin.

Das alles erlaubt mir eine sichere Unsicherheit: Es gibt so viel, was ich nicht weiß. Es gibt so viel, was ich nur fehlerhaft weiß. Und all mein Wissen ist unvollkommen.

Damit will ich nicht sagen, dass ich nichts weiß, sondern dass mein Wissen einfach begrenzt ist.

Wie verstehe ich zum Beispiel, dass wir an einen trinitarischen Gott glauben? Oder was bedeutet es eigentlich, seine Eltern zu ehren, egal wie alt wir oder sie sind? Darf ich nun Zinsen verlangen oder nicht, wenn ich jemandem Geld leihe? Diese und andere offene Fragen verunsichern mich nicht, denn ich bin in meiner Gottesbeziehung sicher, auch wenn ich diese ebenfalls nur begrenzt verstehe. Meine Sicherheit trage ich gewissermaßen in einer Beziehung und nicht in meinen Antworten.

> Meine Glaubensgewissheiten erlauben mir eine sichere Unsicherheit.

Bei Wikipedia lesen wir über das bekannte Zitat »Ich weiß, dass ich nichts weiß!«, dass dieses eine verfälschende Verkürzung einer Aussage von Sokrates aus Platons Apologie darstellt. Wörtlich übersetzt heißt der Spruch: »Ich weiß als Nicht-Wissender«, bzw.: »Ich weiß, dass ich nicht weiß.«[32] Sokrates sagt damit nicht, dass er nichts weiß, sondern hinterfragt das, was man glaubt, zu wissen.

Damit will ich in keiner Weise sagen, dass ich ein Zweifler werden will oder ein ständiger Hinterfrager, sondern ich möchte ein Staunender sein, manchmal aus selbstverschuldeter Unwissenheit, manchmal aus Dummheit, meistens aber aus Unwissenheit, für die ich nichts kann.[33]

Ich möchte auf dem Weg sein, wie die Kinder zu werden: »Ich versichere euch: Wenn ihr nicht umkehrt und wie die Kinder werdet, könnt ihr nicht ins Himmelreich kommen« (Matthäus 18,3). Kinder können staunen!

Außerdem: Staunen belebt, beglückt, erregt, überschreitet Langeweile, Staunen zeigt uns verlockende Verstehens- und Lebenshorizonte auf, führt in eine Bewusstseinsweite weithin über meine kleine Welt hinaus, und das in einer anhaltenden Klarheit.

Ich staune über Worte oder Begriffe, was sie alles bedeuten, ihre Tiefe und Weite.

Ich staune, was ich bisher nicht gesehen habe.

Ich staune, was ich bisher nicht gewusst habe.

Meine Unwissenheit ist unvorstellbar, übersteigt bei Weitem, was ich weiß, kenne und um mich herum sehe: Die meisten Namen der Vögel in meinem Garten sind mir unbekannt, von den Algen am Meeresboden habe ich keine Ahnung, die Bibel werde ich immer nur aus meiner subjektiven Welt heraus verstehen. Ich staune, wenn ich mich mit anderen darüber austausche, wie unsere Küchengeräte funktionieren, darüber, wie die Menschen im 12. Jahrhundert auf einem Dorf gelebt haben, wie mein Körper funktioniert, ...

> Ich möchte diesen Durst nach Wissen und Verstehen behalten.

Meine Unwissenheit lässt mich staunen und ist ein großartiger Claim der Zukunft, um dort nach Überraschungen zu schürfen.

Ich möchte diesen Durst nach Wissen und Verstehen behalten.

Zwei kleine Beispiele

Ich will »aktiv passiv« leben. Was bedeutet das?

Die Tatsache, dass Freiheit erst in Verbundenheit mit Gott und auch mit anderen Menschen wächst, ist uns oft nicht bewusst, ja, es fällt uns schwer, dies nicht als pure Abhängigkeit zu empfinden. Denn von unserem Denken und von unserer Sprache her sind wir es gewohnt, scharf zu trennen: Entweder bestimme ich oder ich werde bestimmt. Entweder bin ich frei oder ich bin unfrei. Entweder ich tue etwas oder etwas wird mit mir getan. Es gibt nur aktiv oder passiv.

Das Griechische hat interessanterweise noch eine dritte Verbform außer aktiv und passiv: medium – ich lasse zu. Ich selbst (aktiv) lasse zu, willige ein (medium), dass etwas an mir geschieht (passiv). Damit lassen sich die Grundausrichtung unseres Lebens und die Bestimmung unserer Freiheit von Gott her sehr gut ausdrücken. Aktive Passivität bedeutet: einzuwilligen in das Leben, das Gott uns geschenkt hat, in die Absichten, die er damit verbindet, in die Gnade, die er dafür gibt. Zuzulassen, dass er uns führt. Selbst zu wollen, was man soll.[34]

Ein anderer schöner Begriff ist »wirksame Vorsicht«. Er ist mir zum ersten Mal in einem Zitat von Thomas von Aquin ins Auge gesprungen. Eine Internetrecherche zeigte mir dann, dass dieser Begriff bis ins 19. Jahrhundert zwar ab und zu benutzt wurde, eine eindeutige Definition wird aber nicht vorgegeben.

Im Zusammenhang mit dem Thema »Umgang mit Sorgen« wäre dieser Begriff sehr passend: eine Vorsicht, die innehalten lässt und handlungsweisend wirkt, im Gegensatz zur ängstlichen Vorsicht, die im Begriff Zersorgen steckt, den wir bei IGNIS verwenden, um das ängstliche Sorgen vom Sich-Kümmern, einem gesunden Sorgen, abzugrenzen. Denn Sorgenfreiheit darf nicht mit Unbedachtheit oder sogar mit Draufgängertum verwechselt werden. Wirksame Vorsicht ist eine Vorsicht, die ein Ziel erreichen will, ohne den Weg dahin zu unter- oder zu überschätzen und ohne sich dabei zu ängstigen.

... und auch staunen über das Schöne

In vielen Lebensbereichen erfreut uns Schönes, Flusslandschaften, Tulpenfelder, Glühwürmchen, ein schön gedeckter Tisch, Fotos aus der Familiengeschichte. In Gemeinden, vor allem in den protestantischen, sind wir dabei, die Vision für das Schöne auch in seiner geistlichen Bedeutung wiederzugewinnen.

Es war vor allem der Schweizer Theologe Urs von Balthasar (1905-1988), der ein neues Verständnis von Schönheit als Abglanz der Herrlichkeit Gottes entwickelt hat.[35]

Ich erfreue mich an Schönem und freue mich, wenn es mir gelingt, über Schönheit als Abglanz der Herrlichkeit Gottes in alltäglichen Lebensereignissen zu staunen.

Am Morgen, auf der Terrasse, spüre ich den leichten Spätsommerwind mit seiner angenehmen Wärme, in der schon eine Kühle steckt, über meinen Arm streichen. Diese Berührung ist schön, beglückt mich!

Der Heilige Geist wird als Wind bezeichnet, und »pneuma«, das griechische Wort für »Geist«, bedeutet auch »Wind«. So wie dieser Spätsommerwind soll mich die Zärtlichkeit Gottes berühren, die ich mir jetzt ein wenig vorstellen kann. Ich beuge mich ganz freiwillig vor Gott. Ohne Angst, doch mit besänftigter Ehrfurcht.

Anderen Schönheitserfahrungen muss ich bittend in ihrer transzendenten Tiefe »nachjagen«, um ansatzweise zu verstehen, was hinter dem Abglanz liegen könnte.

Blühende Rapsfelder brauchen nicht lange, um mich in Verzückung zu bringen. Beim Autofahren zum Beispiel, wenn ein Blick aus dem Fenster überall die gelben Felder im Sonnenlicht leuchten lässt, ihr Duft sich in meinem Auto ausbreitet, verschwinden in meiner Begeisterung all die Fragezeichen des Lebens. Freude breitet sich aus.

Das Wort »Verschwendung« liegt mir auf der Zunge, und mir kommt das Wort von den Lilien auf dem Felde in den Sinn, das Jesus gesprochen hat, um unsere Maßstäbe auf den Kopf zu stellen (Matthäus 6,28-30). Ich verspüre in mir Wogen stiller starker Hoffnung und erahne ein Geheimnis. Es gibt immer einen nächsten Schritt, egal wie verfahren eine Situation aussehen mag, einen nächsten Schritt ins Licht. Die Sünde ist überwunden. Der Tod ist besiegt.

Näher. Schöner. Weiter.. Ich möchte diesen Durst nach Wissen, Verstehen und Staunen behalten und weiterhin schürfen nach Erkenntnis-Gold!

Beten plus

Im Kapitel »Geheilte Gebetsbiografie« habe ich schon das Thema »Gebet« ein- und umkreist. Was meine ich nun aber mit »Beten plus«?

Neben dem wirkmächtigen Gebet, das ich wieder als alten Schatz funkeln lassen möchte, taste ich mich vorsichtig in andere Gebetsformen vor, die in der so reichen Geschichte des Christentums überliefert sind.

Gebet im Alltag

In der ständigen, aktiv liebenden Beziehung Gottes zu mir anbetend zu leben, ist mir immer mehr zum Herzenswunsch geworden, ein spannender und herausfordernder Claim der Zukunft.

Im Kern schürfe ich an der Fähigkeit, immer wieder im alltäglichen Handeln in die bewusste Gegenwart Gottes zurückzufinden und mich dann wieder nach außen, der Welt um mich, zuzuwenden.

Und, ich darf es dankbar sagen, das geht heute wirklich schneller und leichter als vor zehn oder zwanzig Jahren.

Der Herr ist da. Punkt. Er ist wirklich da.

Falls ich etwas anderes verspüre, dann ist nicht er abwesend, sondern ich.

»Die Abwesenheit Gottes in unserem Leben ist der Schatten in unserem Herzen« (Michael Quoist).[36]

Nichts kann mich scheiden von Gott, auch nicht meine Abwesenheit.

Ich trete wieder in sein Licht.

Die Gebetsübung: »Du in mir und ich in dir«

Die folgende Gebetsübung kann auf diesem Weg eine Hilfe sein.

Nicht nur, aber auch aufgrund folgender Worte von Jesus füllt sich das Gebet »Du in mir und ich in dir« mit Wahrheit und Wirklichkeit.

»Glaubt es mir, dass ich im Vater bin und dass der Vater in mir ist.«
Johannes 14,11

»Ich bete darum, dass sie alle eins sind – sie in uns, so wie du, Vater, in mir bist und ich in dir bin.«

Johannes 17,21

»Ich habe ihnen deinen Namen offenbart und werde es auch weiterhin tun, damit die Liebe, mit der du mich geliebt hast, auch in ihnen ist, ja damit ich selbst in ihnen bin.«

Johannes 17,26

Grundübung »Du in mir und ich in dir«:
Ich setze mich bequem hin und im Einatmen bete ich: »Du in mir«, und im Ausatmen: »Ich in dir.« So oft und so lange, wie es geht oder wie ich möchte.

Es hilft mir, im Gebet bewusst einzuatmen und auszuatmen, die Luft durch die Nase in meinen Kopf, dann in den Körper und schließlich in den Bauch zu lenken und wieder auszuatmen. Das hilft mir auch, mich weniger ablenken zu lassen.

Aber es wird Ablenkungen geben. Ich habe gelernt, dass ich mir keine Vorwürfe zu machen brauche, wenn ich unkonzentriert bin.

Ablenkungen sind da. Aber wir brauchen ihnen keine zu große Bedeutung beimessen. Ich lege diese anderen Gedanken mit so wenig Beachtung wie möglich einfach wieder beiseite, egal wie unwichtig oder wichtig die Inhalte mir erscheinen. Alles zu seiner Zeit. Jetzt ist dafür keine Zeit. Zeit für gute Gedanken, für Erkenntnis meiner Sünde darf es geben, aber nicht jetzt.

»Du« und »in dir«, wer ist aber dieser »Du«?
Du, das ist das Licht der Welt.
Du, das ist der Gute Hirte.
Du, das ist der, der war, der ist und der sein wird.
Du, ...
Welche Eigenschaft Gottes mich davon am meisten anspricht oder eine neue, ich nehme diese in das Gebet mit hinein.

Überall: »Du in mir und ich in dir«:
Diese Übung kann man nicht nur machen, wenn man zu Hause allein in seinem Zimmer sitzt. Ich bete die Grundübung im Gehen zu Hause in verschiedenen Räumen, auf Wegen, im Supermarkt ..., dann auch unter Menschen, vertrauten wie fremden, angenehmen oder scheinbar schwierigeren Zeitgenossen.

Rollenwechsel: »Du in mir und ich in dir«:
Bisher habe ich diese Worte im Gebet zu Gott gesprochen, jetzt lasse ich sie mir zusprechen, von Gott her, er will in mir sein, er lädt mich ein, in ihm zu sein.
Diesen Unterschied zu erleben - auch er will in mir sein, nicht nur ich wünsche mir das -, bewegt mich jedes Mal.

Es ist für mich keine Pflicht, mich Gott sofort zuzuwenden, wenn mir meine Abwesenheit bewusst wird, sondern es ist meine eigene Entscheidung, ... weil der Wert mich überzeugt!
In meinem Erleben macht es einen Unterschied, ob ich mich mit Gott verbunden weiß oder nicht, wenn auch nur einen feinen. Wichtiger aber ist mir, dadurch Gott zu ehren.
Und es ist in keiner Weise eine verlorene Zeit, wo ich nichts fürs Reich Gottes - und was alles dazugehört - tun kann. Im Gegenteil, wie am Sabbat, an dem wir auch vom Tun ruhen dürfen, darf ich vertrauen, dass sogar mehr geschieht, als wenn ich etwas tun würde.

> **Es ist für mich keine Pflicht, mich Gott sofort zuzuwenden, wenn mir meine Abwesenheit bewusst wird, sondern es ist meine eigene Entscheidung.**

Danke und Gnade

Egal wie alt wir sind, wir haben einen himmlischen Vater, dessen Augen liebevoll über uns wachen, um unsere Bedürfnisse rechtzeitig (sogar vorzeitig) wahrzunehmen. »Euer Vater weiß, was ihr braucht, und zwar schon bevor ihr ihn darum bittet« (Matthäus 6,8). Gott offenbart sich hier als »höchst einfühlsam«!

»Warum sollte ich dann überhaupt noch beten, wenn er doch schon weiß, was ich brauche?« Das war früher immer meine Frage, wenn ich diese Bibelstelle las. Dann half mir die Erklärung, dass Gott deswegen möchte, dass wir beten, weil er uns liebt und unsere Entscheidungsfreiheit, die er uns gegeben hat, nicht einfach übergehen möchte, indem er allein von sich aus alles gibt, was wir brauchen. Das gibt uns Würde.

Heute gehe ich für mich noch einen Schritt weiter, schürfe vertrauensvoll Leben, indem ich am Lernen bin, meine Gebete auf zwei zu »reduzieren«, ja sogar nur auf zwei Worte: »danke« und »Gnade«, je nachdem, was mir begegnet oder wofür ich beten will und was mir nötig erscheint.

Die beiden Begriffe, danke und Gnade, konzentrieren für mich meinen Glauben.

Alles, was Gutes geschieht, kommt von ihm: Danke.

Alles, wo wir seine Hilfe brauchen, gibt er umsonst: Gnade.

Sie sollen mir helfen, im Gebet *zu leben*, statt nur ab und zu oder auch häufig zu beten.

Die Größe Gottes und mein bescheidener Horizont haben mich dazu geführt. Aber ich bin darin wirklich noch ein Anfänger, es ist ein neuer Claim.

Gebet im Schweigen

Meine kleine Welt ist Gott völlig bekannt, keine Sekunde meines Lebens ist ihm unbekannt oder war ihm jemals gleichgültig. Meine Welt, ebenso wie die von Milliarden anderer Menschen, interessiert ihn.

Vor Gottes Größe wird alles ganz klein, bleibt aber wichtig. Ich staune. Ich bete an. Ich liebe Gott ohne Worte.

> Denn meine Gedanken sind nicht eure Gedanken, und eure Wege sind nicht meine Wege, spricht der HERR, sondern so viel der Himmel höher ist als die Erde, so sind auch meine Wege höher als eure Wege und meine Gedanken als eure Gedanken.
>
> *Jesaja 55,8-9* LUT

Verschlägt es einem da nicht die Sprache? Diese Größe Gottes und auf der anderen Seite ich, in all meiner Begrenztheit und Vergesslichkeit, mit meinen verborgenen Schatten. Bleibt da noch mehr als das Schweigen? Aber auch in meinem Schweigen werden sich immer noch Gedanken melden.

Und dann meine Worte. Wie können diese überhaupt ausdrücken, was ich meine?

Was bleibt?

Die wortlose Liebe meiner liebenden Herzensregung.

Meine liebende Herzensregung, die ich Gott zuwende.

Wie oft und wie lange sollen wir schweigend beten? So oft und so lange, wie es leichtfällt! Es darf kein Leistungsanspruch aufkommen.

Wichtig ist der Herzenswunsch, der Gott gebracht wurde, immer mehr mit ihm im Gebet verbunden zu sein. Dann heißt es empfangen, zulassen, Pausen, Durststrecken akzeptieren, aber darüber nicht den Herzenswunsch verlieren.

Die beiden Begriffe, danke und Gnade, bringen meinen Glauben auf den Punkt.

Zu seiner Zeit, nach Jahren wahrscheinlich, wird uns ein Qualitätssprung überraschen. Wahrscheinlich haben die Häufigkeit und die Länge unserer Gemeinschaft mit Gott zugenommen, vielleicht auch nicht, aber eines schon: die Intensität der Liebe.

Immer sieben Lösungen?

Appetit auf verantwortliche Kreativität

Das Reich Gottes ist im Werden und unser Trachten danach, unser Mitgestalten, braucht immer wieder neue, schöpferische, kreative Lösungen. Danach im Alltag zu schürfen, ist für mich ein weiterer Claim.

Wenn wir nach dem Reich Gottes trachten, geht es nicht um eine Wiederherstellung idealer »biblischer« Zustände, sondern um die

Hoffnung und den Glauben, dass im Werden des Reiches Gottes erlöste(re) Formen möglich werden, bis diese Welt einmal verwandelt wird.

Wahrscheinlich ist, dass im Laufe der Geschichte durch die Gnade Gottes im Einzelfall oder für eine Gruppe in besonderen geschichtlichen Perioden Annäherungen an Idealformen gelegentlich »aufgeblitzt« sind, aber in dieser Welt bleibt alles unvollkommen.

Gottes liebevolle Herrschaft soll heute unter uns sichtbar werden – im digitalen Zeitalter, in einer globalen Welt und in unserem privaten Umfeld, in meiner kleinen Welt in all meiner Unvollkommenheit. Dazu braucht es Kreativität.

Wussten Sie zum Beispiel schon, dass das 20. Jahrhundert als das Jahrhundert des Kindes bezeichnet wird? Warum? Weil man – mit Vorläufern im 19. Jahrhundert – erst ab da angefangen hat, grundlegender über Erziehung nachzudenken und dem Kind einen Wert an sich zuzusprechen.

Dass Gott als Kind zur Welt gekommen ist und die Zuwendung von Jesus zu Kindern im neutestamentlichen Zeugnis war und ist eine Provokation, war quasi der Startschuss für eine Entwicklung, die heute noch andauert und in die Zukunft zeigt.

Zunächst denken wir bei Kinderrechten wahrscheinlich an die weltweite Kinderarmut und Kinderarbeit. Aber es gibt dazu viele weitere Fragen: Wie viel sollen Kinder mitbestimmen? Macht ein Kinderwahlrecht Sinn? Was bedeuten Kinderrechte heute? In Europa? In meiner Familie?

Es braucht schöpferisches Mitgestalten, wenn wir eine Aufgabe für und mit Kindern verspüren, verantwortliche Kreativität.

Kreativität ist das Überschreiten gewohnter Wege

Kreativität bedeutet neue unbekannte Wege wagen, wie wir einen Tag persönlich gestalten, wenn sich neue Aufgaben stellen, wenn wir Routine überwinden wollen. Ein kreativer Lebensstil lebt aus der Offenheit, gewohnte Wege zu verlassen.

Um Vorurteilen, die sich vielleicht schon gemeldet haben, vorzubeugen: Kreativität ist zutiefst etwas Christliches und gehört zu unserer Ebenbildlichkeit. Denn Gottes Schöpfungsfähigkeit gehört zum Menschen: Die erste Aufgabe an Adam und Eva am Anfang der Bibel war, Namen zu vergeben, zu erfinden (1. Mose 2,19).

Die ersten Worte des Mannes, als er Eva sah, sind im Hebräischen in Gedichtform. Die Psalmen, das Hohelied der Liebe, die Gleichnisse von Jesus sind alle das Ergebnis von Kreativität, auch die Propheten, deren prophetische Handlungen einer Performance Art zugerechnet werden können.

> Kreativität ist zutiefst etwas Christliches und gehört zu unserer Ebenbildlichkeit.

Unsere übliche Vorstellung ist, dass Kreativität vor allem in der Kunst gebraucht wird, aber Kreativität ist auch beim Problemlösen oder beim Erfinden notwendig. Wenn Kreativität so zu uns gehört, sollten wir einen kreativen Lebensstil anstreben: indem wir uns künstlerisch betätigen, in der Gestaltung unserer Wohnung, der Tische beim Glaubensgrundkurs oder eines Straßenfestes, beim Problemlösen, beim Erfinden von neuen Produkten oder Wegen, Umweltprobleme zu lösen, wenn es um Fragen wie die folgenden geht: Wie finde ich eine Arbeitsstelle? Wie kläre ich eine Beziehung? Wie wird unser Hauskreis attraktiver?

Es gibt nicht nur eine Lösung

Wir sollten uns nicht mit einer Lösungsmöglichkeit begnügen, sondern immer nach sieben Lösungen suchen. Ist das übertrieben?

Ja und nein.

Es ist übertrieben, weil es manchmal wirklich nicht sieben Lösungen gibt und wir froh sind, wenn wir eine einzige wirklich sehen.

Und es ist oft nicht übertrieben, denn meistens gibt es sogar mehr als sieben Lösungen, vielleicht sogar zu viele Lösungen. Die Angebote auf der Speisekarte, im Supermarkt, im Fernsehprogramm, Urlaubsziele, Arten, ein Gespräch zu führen, Menschen zu begegnen stellen uns vor die Qual der Wahl.

Im Prinzip will diese Aufforderung, nach sieben Lösungen zu suchen, einfach wachrütteln, damit wir nicht zu kurz oder zu hoffnungslos denken.

»Immer sieben Lösungen« bedeutet dann, mit großer Offenheit für alles nach mehreren Lösungen zu suchen und auch dort, wo wir uns überhaupt keine Lösungen vorstellen können, überzeugt zu sein, dass es Lösungen gibt. Vielleicht besteht ein Lösungsweg zunächst nur aus einem ersten kleinen Schritt, dem wieder ein kleiner Schritt folgen wird, aber es gibt eine Lösung.

»Immer sieben Lösungen« bedeutet auch, dass es für viele gewohnte Ereignisse – welchen Weg ich zur Arbeit nehme, wie ich dorthin fahre, wie ein Gottesdienst abzulaufen hat, wie ich meine Abende verbringe, wie ich jemandem helfe – eine Vielzahl von Lösungsmöglichkeiten gibt.

Gewohnheiten möchte ich nicht verurteilen, im Gegenteil! Sie umzusetzen, fällt in der Regel leichter, als etwas Neues zu wagen. Sie sind also echte Ressourcen, vor allem dann, wenn uns gerade nicht so viel Kraft zur Verfügung steht. Sie versprechen Erfolg, motivieren uns und vieles mehr. Trotzdem lohnt es sich immer wieder, gewohnte Wege zu verlassen, nicht nur aus alltäglicher Abenteuerlust, sondern auch, um dadurch neue Gewohnheiten zu erwerben. Warum suchen wir nicht nach »sieben Lösungen«, bevor wir im Gewohnten suchen?

Ein Beispiel: Die liebe Ordnung

Eine Freundin fragte mich nach sieben Lösungen für ein Problem in ihrer Beziehung:

Mein Mann (er verlegt Dinge gern wie mein Vater schon) und ich (alles hat seinen Platz) sind vom Typus her in vielen Dingen sehr gleich, in anderen Dingen »ergänzen« wir uns eher gegensätzlich. Beim Thema Ordnung sind wir eher gegensätzlich.

Es ist eine Sache, über die wir oft lachen, die uns (vor allem mich) aber auch manchmal auf die Palme bringt. Meine Frage, mein Problem, ist also: Wie können wir uns mit unseren gegensätzlichen

Stilen begegnen, sodass der Alltag für jeden von uns ohne großen (unterschwelligen) Ärger abläuft?

Folgende sieben Lösungen habe ich ihr empfohlen:
1. Führt eine Sammelkiste ein, in die du automatisch alle von deinem Mann verlegten Dinge werfen darfst. So sind diese weg und er weiß, wo er suchen muss.
2. Er bekommt einen Gutschein pro Woche. Damit darf er sieben Dinge verlegen ohne Beschwerden deinerseits. Für sein Guthaben am Ende der Woche bekommt er pro nicht eingelöstem Gutschein einen Kuss.
3. Frag deine Mutter um Rat und rede mit ihr über deinen Vater.
4. Vergib deinem Vater, denn er hat deiner Mutter Stress gemacht. Vielleicht habt ihr euch über ihn lustig gemacht. Aussprache mit ihm ist angesagt.
5. Mach dir einen Wochenplan. An jedem Tag gilt es, etwas anderes richtig aufzuräumen, an einem Tag die Küche, am anderen das Wohnzimmer, ... Was nicht aufgeräumt wurde, muss eine Woche liegen bleiben. Sei konsequent.
6. Beim »Umziehen« deines Mannes (mit seinem Einverständnis und mit vorheriger Absprache) konzentriert euch nur auf eine Sache, vielleicht die, die er am häufigsten verlegt. Arbeitet nur an dieser, alle anderen laufen, wie sie laufen.
7. Überleg mal, ob du nicht selbst ab und zu mal was verlegst. Da bin ich mir zwar sicher, aber sollte das wirklich nicht sein, dann probiere es mal eine Woche lang aus, jeden Tag eine Sache zu verlegen.

Die Kurzversion ihrer Antwort sah folgendermaßen aus:
Auf den ersten Blick konnten wir mit jeder der Lösungen etwas anfangen. Und in den nächsten Wochen hat sich tatsächlich etwas verändert in unserer Wohnung. Momentan fühlen wir uns wirklich wohl und wir sagen öfter: »Also irgendwie ist alles grad richtig schön.«

Unsere Zeit braucht Kreativität
Bei all den Herausforderungen unserer Zeit ist eins wichtig: Wir dürfen nicht den Schrei nach früheren Zeiten erheben – als scheinbar alles noch besser war –, sondern sollten unsere kreativen Impulse im Namen von Jesus wie Sauerteig untermischen. Mehr war all die Jahrhunderte vor uns auch nicht möglich, denn früher war es nur anders, aber nicht besser.

Wie gehe ich vor, wenn mir nicht spontan mehrere Lösungen einfallen? Zunächst sollten wir uns diese Fragen stellen, um zu sehen, ob wir einen guten Boden für Kreativität besitzen:

- Kreativität braucht Entspannung. Kann ich entspannen? Habe ich den Kopf frei?
- Kreativität braucht Mut, Fehler zu machen. Darf ich das oder muss ich perfekt sein?
- Kreativität verträgt sich schlecht mit Leistungsorientierung, mit dem Drang, seinen Wert vor allem aus Leistungen zu ziehen. Woher nehme ich meinen Wert?

Dann habe ich mir drei Wege angeeignet, um den sieben Lösungen auf die Spur zu kommen:
1. Ich benutze eine der Kreativtechniken, die in vielen Kreativitätsbüchern nachzulesen sind.[37]
2. Ich frage andere um Rat und lasse mich von anderen inspirieren.
3. Ich bete, dass der kreative Heilige Geist mir Lösungen schenkt.

Im vibrierenden Alltag haben wir vielleicht bereits gelernt, zu entspannen, nicht perfekt sein zu müssen und woher wir unseren Wert bekommen. Wenn nicht, dann wäre das jetzt eine wichtige Hausaufgabe.

Unser Glaube ist ein guter Nährboden für Kreativität. Er ermutigt mich, nicht aufzugeben, mit anderen zusammen etwas zu bewegen und mir etwas zuzutrauen, weil Gott mit mir ist. So freue ich mich auf jeden neuen Tag und darauf, was es kreativ zu schürfen gibt.

Jeder Tag hat genügend Gnade

Jeder Tag hat genügend Gnade, das meint auch: Heute ist der Tag des Herrn. Nicht nur gestern, auch nicht erst morgen, sondern zuallererst heute.

Heute habe ich genügend Gnade, ich bekomme, was ich mir nicht verdient habe: Achtung, Würde, Wertschätzung, Gottes Fürsorge, Unterstützung, Gottes Zuspielungen.

Heute habe ich genügend Gnade, ich bekomme nicht, was ich befürchte: Ablehnung, Strafe, Missachtung, Alleingelassen-Werden, Langeweile.

Genügend Gnade, nicht zu wenig, nicht zu viel, ausreichend, um auch anderen geben zu können.

Es erfüllt, zu entdecken, wie sich die tägliche Gnade konkret Tag für Tag in meinem Leben entfaltet. Diese will ich nicht missachten, durch Trägheit und Minderwertigkeitsgefühle. Heute darf etwas Fruchtbares geschehen!

Diese Gnade will ich auch nicht versäumen, zum Beispiel durch Zukunftssorgen. Ich will mir keine Zeit mehr von Dingen rauben lassen, die heute nicht getan werden müssen. Das meiste davon ist nur wirkungsloses Gedankenkreisen über Zukunftsdinge. Jesus sagt: »Macht euch keine Sorgen um den nächsten Tag! Der nächste Tag wird für sich selbst sorgen. Es genügt, dass jeder Tag seine eigene Last mit sich bringt« (Matthäus 6,34).

In einem Gedicht habe ich einmal geschrieben:

Sorgen sind kleine Angstagenten
hassen nur eines
den heutigen Tag
verdunkeln die Gnade
für die tägliche Plag

Die deutsche Sprache gebraucht das gleiche Wort »sorgen« im Sinne von »sich kümmern« und im Sinne von »sich ängstigen«, nur die Präposition ist anders. Es ist ein Unterschied, ob ich *für* mein Kind, meine Eltern sorge oder mich *um* mein Kind, meine Eltern sorge. Fürsorge ist gut, ja sogar notwendig, wenn die Kinder klein sind oder die Eltern alt geworden. Der sorgenvolle Blick in die Zukunft dagegen schadet nur.

Sorge im negativen Sinn ist die Befürchtung, dass etwas eintritt, was man nicht will. Diese Befürchtung blockiert einen, sie verhindert, dass man sich dem Problem hoffnungsvoll nähert, und raubt das Heute. Dieser Art von Sorgen gilt es entgegenzutreten.

Zukünftige Dinge haben nur dann ein Recht auf das Heute, wenn ich wirklich jetzt etwas dafür tun kann. Planungsschritte, Fürbittzeiten, Kontaktaufnahmen, das hat alles seine Berechtigung, aber sicherheitshalber mit Zeitbegrenzung, um nicht ins Grübeln und Zersorgen abzugleiten.

> Zukünftige Dinge haben nur dann ein Recht auf das Heute, wenn ich wirklich jetzt etwas dafür tun kann.

Es braucht viel mehr einen klaren Gegengedanken: »Da Gott sich um diese Sache kümmert und ich heute nichts in dieser Sache tun kann, kümmere ich mich um das, was jetzt gerade dran ist.« Die Schlüsselfrage ist dann: Traue ich es Gott zu, dass er sich wirklich um meine Sorge kümmert?

Schlüsselerfahrungen wie im folgenden Beispiel können uns dabei helfen.

Peter erzählte mir vor einiger Zeit, wie seine Mutter mit einem Schlag zu einem Gottvertrauen durchgebrochen ist, dass Gott ihn beschützen würde. Davor hatte sie sich jahrelang um ihn gesorgt, dass er mit dem Auto einen Unfall haben könnte, und war ihm deshalb mit ihrem sorgenvollen Geklage oft in den Ohren gelegen.

Peter war wieder einmal mit dem Auto unterwegs, als er plötzlich eine innere Stimme in sich vernahm, dass er die Geschwindigkeit reduzieren sollte, obwohl er nicht schneller als die erlaubten 100 km/h fuhr. Er tat es, doch als er um eine Kurve fuhr, musste er dennoch scharf bremsen. Vor ihm war ein Auffahrunfall, weil sich im Kurvenschatten eine Eisschicht auf der Straße gebildet hatte. Peter wusste, dass er hineingerast wäre, wenn er nicht schon vorher die Geschwindigkeit reduziert hätte.

Später rief er seine Mutter an und erzählte ihr, wie knapp das gewesen war. Sie verglichen die Uhrzeiten: Genau zu dem Zeitpunkt, als er die innere Stimme verspürt hatte, hatte seine Mutter für ihn um Bewahrung gebetet!

Von dieser Erfahrung an machte seine Mutter sich keine Sorgen mehr. Sie wusste: »Mein Sohn ist in Gottes Hand.«

Darum ist beides wichtig: das Gebet um eine persönliche Herzensoffenbarung Gottes als fürsorglicher Vater im Himmel und das Gebet, dass wir ihm als dem allmächtigen Gott, dem nichts unmöglich ist, vertrauen können. Beides brauchen wir, damit wir den »Kopf freibekommen«, um zu sehen und anzupacken, was heute vor uns liegt.

Jeder Tag, jedes Heute, ist ein fruchtbarer Claim. Jesus erzählt ein Gleichnis für das Reich Gottes, in dem es um Saat und Ernte geht:

> Ein Bauer streute Saatgut auf einem Feld aus und ging dann wieder an seine andere Arbeit. Die Zeit verging, die Saat keimte und wuchs ohne das Zutun des Bauern heran, denn die Erde bringt das Getreide ganz von selbst hervor. Zuerst sprießt ein Halm, dann bilden sich die Ähren und zum Schluss reift das Korn heran. Und sobald das Korn reif ist, kommt der Bauer und erntet es mit der Sichel.
>
> Markus 4,26-29 NLB

Jeder Tag hat seine Ernte. Ich will die Gnade des Tages ausschürfen!

Gottes Zuspielungen

Eine der Hausaufgaben des vibrierenden Alltags war es, seine Zeit so zu gestalten, dass man nicht verplant wird oder ist (Stichwort »ganzheitliche Zeitplanung« unter der Überschrift »Ganz Gottes Kind«).

Diese geistliche Kompetenz verplant nicht jeden Tag, sondern lässt Raum für Unvorhergesehenes und dadurch auch für die Zuspielungen Gottes, für das, was er mir vor die Füße legt.

Solche Zuspielungen können zu den entscheidendsten Momenten unseres Lebens werden. Wenn ich nur daran denke, wie ich meine Frau kennengelernt habe, warum wir in Würzburg leben, wie ich meine erste Arbeitsstelle bekommen habe und vieles mehr.

Ich möchte jeden Tag meine Augen aufmachen wie Jesus, der Zachäus im Baum erspäht hat, obwohl er schon etwas vorhatte. Wie viele Zachäusse habe ich schon übersehen! Wie viele unter die Räuber Gefallene habe ich nicht wahrgenommen, weil ich in meinen Gedanken versunken und von meinen Zielen fasziniert war, wie wir es in der Geschichte vom barmherzigen Samariter beobachten können?

> Ich möchte jeden Tag meine Augen aufmachen wie Jesus.

Ich habe schon so viel in meinem Leben übersehen, davon bin ich überzeugt, zu viel schon, von dem, was Gott mir vor die Füße gelegt hat. Deshalb möchte ich mit offenen Augen durch das Leben gehen und nach den Worten handeln:

> Alles, was dir vor die Hände kommt, es zu tun mit deiner Kraft, das tu.
>
> *Prediger 9,10 LUT*

> ... tu, was dir vor die Hand kommt; denn Gott ist mit dir.
>
> *1. Samuel 10,7 LUT*

Der Vorfreudeschürfer

Gern verrate ich noch einen neuen Schatz, der täglich glänzen und mit dem mich der Heilige Geist ausrüsten darf: die eingangs erwähnte Vorfreude, die tägliche Vorfreude. »Er (der Herr) stärkt und erfrischt meine Seele« (Psalm 23,3).

Vorfreude beschwingt, befeuert, ermutigt.

Dazu habe ich folgende Schürfstrategie: Ich habe mir zu Beginn des Tages angewöhnt, zu überlegen, auf was ich mich heute freue - auf große und kleine Dinge, große und kleine Ereignisse, auch auf konkrete Menschen. Manchmal fällt mir sofort etwas ein, manchmal muss ich bewusst Kleinigkeiten im vor mir liegenden Tag entdecken, die ich übersehen hätte, aber bei denen ich dann doch Vorfreude empfinden kann.

Manche dieser Dinge sind etwas Schönes, was Vorfreude erweckt, andere wiederum etwas Schweres oder Unangenehmes, was aber Vorfreude erweckt, weil es im Laufe des Tages erledigt oder vorbei sein wird. Die Lebensvorfreude ist geboren!

Wenn ich mir zusätzlich noch überlege, worüber ich mich in der vergangenen Stunde gefreut habe, überraschende Freude, an die ich vorher nicht gedacht habe, staune ich, wie oft es so etwas gibt.

Ich sammle also kleine, kurze oder wenig intensive und große, länger andauernde oder intensive Freuden stündlich ein, von denen ich vorher keine Ahnung hatte. Und dann, irgendwann, werde ich selbst staunen, worüber und wie oft ich mich über etwas gefreut habe, von dem ich vorher keine Ahnung hatte, sodass mir plötzlich klar wird, dass das so bleiben wird. Das bedeutet auch, dass ich mich jetzt, heute schon, auf etwas freuen könnte, wovon ich noch keine Ahnung habe. Vorschussvorfreude nenne ich das.

Für mich verbindet sich all diese tägliche Vorfreude mit der Hoffnung, dass - in Anlehnung an die Geschichte von der Brotvermehrung - die paar Brote und Fische, die ich heute bringen kann, von Gott vermehrt werden.

> Für mich verbindet sich meine tägliche Vorfreude mit der Hoffnung, dass die paar »Brote« und »Fische«, die ich heute bringen kann, von Gott vermehrt werden.

Jeder Tag hat genügend Gnade. Jeder Tag ist einzigartig. Unvergleichbar.

Verstehen Sie mich, wenn ich behaupte, dass ich heute »weniger« Zeit habe als im »Berufsstress«, jetzt in der täglichen Weite Gottes?

Die Zeit ist gefüllter. Tag für Tag. Aber nur heute.

Mittendrin: DabeiSein. DaSein. Sein.

Ich bin dabei

21 : 23? In jungen Jahren war ich ein begeisterter Handballspieler und manche Spiele haben wir ganz knapp 23 : 21 gewonnen, manche aber auch 21 : 23 verloren. Mit diesem Zahlenspiel will ich sagen, dass ich im Sport nicht nur das Siegen gelernt habe, sondern auch das Verlieren. Und im Verlieren in einem jahrelangen Lernprozess, wo auch manche Tränen geflossen sind, haben wir dazugelernt und uns dabei die 21 Tore, die wir selbst geschossen hatten, inklusive guter Spielaktionen, nicht nehmen lassen. Ich habe auch gelernt, den Sieger anzuerkennen. Letztlich kann das ganze Spiel zu einem Sieg werden.

Auch wenn »Dabeisein ist alles« als olympisches Motto fragwürdig geworden ist, kann es eine erste Grundhaltung sein, eine Freiheit, im Tun zu gewinnen. Obwohl ich mich mit Leidenschaft eingesetzt habe, konnte ich das »Ich bin, was ich leiste« loslassen.

Mittendrin im Spielgeschehen des Lebens bleiben, das ist mein letzter Claim.

Mittendrin

Ich möchte mittendrin sein
Wo Schnürsenkel reißen
Autos einparken
Und wenn die Ampel grün zeigt
Scharen von Menschen über
die Straße strömen

Ich bin da

In der Beratung von Eltern mit Erziehungsfragen war es mir immer wieder wichtig, diese darauf hinzuweisen, dass das Wichtigste ist, dass sie darin zur Ruhe kommen, dass es sie überhaupt für die Kinder gibt, dass sie für die Kinder da sind. Das Erleben, dass die Eltern verfügbar sind, wenn die Kinder sie brauchen, baut Urvertrauen. Das Wichtigste ist, dass es sie, die Eltern, überhaupt gibt. Einfach da zu sein. Mit anderen Worten: Meine Gegenwart wirkt.

Die Eltern hätten sich oft mehr praktische Ratschläge gewünscht und es ist sicher nicht falsch, etwas dazuzulernen. Aber noch wichtiger ist es, da zu sein.

Da zu sein, statt nur das Richtige zu tun, stellt alles an die zweite Stelle. Ich darf alles Tun und Wissen loslassen, durch mein Dasein wirken.

Ich bin

Auf dem Berg Horeb bezeichnet Gott selbst sich als der »Ich bin« (2. Mose 3,14 ELB).

Der Gott, dem alles gehört, der alles hat, definiert sich nicht über sein Haben oder Tun, nicht weil ihm das alles gleichgültig wäre, weil ihm das alles ein Nichts ist, sondern weil er verzichten kann aus Liebe: »Er verzichtete auf alle seine Vorrechte und stellte sich auf dieselbe Stufe wie ein Diener. Er wurde einer von uns – ein Mensch wie andere Menschen« (Philipper 2,7), blieb aber Gott. Aus Liebe zu uns verzichtete er bis in den Tod.

> Mit anderen Worten: Meine Gegenwart wirkt.

Auf dem eigenen Weg, Christus ähnlicher zu werden, können wir selbst Entäußerung erleben und immer mehr, wenn auch viel zu selten: Ich bin.

Einfach: Ich bin. Ich lebe.

Am besten: Ich liebe.

Ohne Liebe geht nichts

Liebe ist das höchste Gebot, das Gott uns aufgetragen hat. Diese Liebe ist das Höchste, das Größte, was es gibt! Ein Liebender zu werden, bedeutet, eine neue Dimension zu betreten, ein neues Sein.

Blaise Pascal (1623–1666) schrieb:

Alle Körper, das Firmament, die Sterne, die Erde und die Naturreiche zählen nicht so viel wie der Kleinste der Geister, denn er weiß von alledem und von sich selbst, und der Körper von nichts. Und alle Körper und alle Geister zusammen und alle ihre Werke zählen nicht so viel wie die geringste Regung der Liebe; denn die Liebe gehört einer unvergleichlich erhabeneren Ordnung an.[38]

Als ich diese Worte bei einem Vortrag zum ersten Mal hörte, war für mich neu klar und seitdem unverrückbar, dass es nur noch auf die Liebe ankommt, dass ohne Liebe alles nichts ist.

Diese Liebe beginnt mit der Liebe Gottes zu mir. Er bietet mir einen Raum der Gnade und der Barmherzigkeit an. Er ist für mich. Er bietet mir Gemeinschaft an. Er ist bei mir, als der Liebende. Immer.

Mit jedem Gebet betrete ich einen Raum der Liebe, von der mich nichts trennen kann!

Unsere radikale Liebe schöpft ihre ganze Hoffnung aus der radikalen Liebe Gottes, die ich immer mehr erahne.

Als Jesus Christus am Kreuz schrie: »Eli, Eli, lema sabachtani?« – »Mein Gott, mein Gott, warum hast du mich verlassen?« (Matthäus 27,46) –, weil er sich als Sohn Gottes von der Vaterliebe getrennt wusste, öffnete sich die Quelle für alle Liebe. Die Macht der Lieblosigkeit war überwunden.[39]

Ein Liebender zu werden bedeutet, eine neue Dimension zu betreten, ein neues Sein. Dort am Kreuz beginnt die Heilung zum Lieben, bekomme ich die Kraft, um in schmerzliche Prozesse einzuwilligen, Ängste zu besiegen, auf Schutzmechanismen zu verzichten und die notwendigen Schritte zu gehen, bis hin zur Bereitschaft zum Leiden, weil ich Vertrauen gewagt habe.

Wenn mir der Glaube im höchsten nur denkbaren Maß gegeben ist, sodass ich Berge versetzen kann …, aber keine Liebe habe, bin ich nichts.

1. Korinther 13,2

Lasst euch in allem, was ihr tut, von der Liebe bestimmen.

1. Korinther 16,14

Die Herausforderung der Zukunft für mich besteht darin, in diesem Claim zu schürfen, »mittendrin zu lieben«, und das mit einer atemberaubenden Radikalität:
Ich soll alle lieben!
Ich soll als Erster lieben!
Immer!

Wer eine Vorschrift oder ein religiöses Gesetz befolgt, ist schnell beruhigt. Beobachtet er es treu, dann hat er ein gutes Gewissen und urteilt streng über jene, die dies nicht tun. Wer aber versucht, das Liebesgebot Jesu zu befolgen, wählt einen sehr schwierigen Weg. Es gibt manchmal viele Wege, und man muss den besten für sich und für die anderen wählen. Am schwierigsten ist es aber, dass man nie ans Ziel kommt, denn es gehört zum Wesen der Liebe, niemals genug geliebt zu haben.

Michael Quoist[40]

Es gehört zum Wesen der Liebe, niemals genug geliebt zu haben. Zu lieben ist unsere Aufgabe in jedem Abschnitt unseres Lebens. Darin ist alles andere schon enthalten.

Weiterschürfen im Glauben

Näher. Schöner. Weiter.. Ich möchte am Schürfen dranbleiben. Gott darf mir immer näher kommen. Oder besser, ich ihm, denn er ist mir ja schon so nahe, dass es mein Denken übersteigt, er, der Unvergleichbare, der Heilige.

Seine Herrlichkeit darf ihren Glanz auf das Leben werfen und auf das Seufzen dieser Welt.

Wir wissen allerdings, dass die gesamte Schöpfung jetzt noch unter ihrem Zustand seufzt, als würde sie in Geburtswehen liegen.

Und sogar wir, denen Gott doch bereits seinen Geist gegeben hat, den ersten Teil des künftigen Erbes, sogar wir seufzen innerlich noch, weil die volle Verwirklichung dessen noch aussteht, wozu wir als Gottes Söhne und Töchter bestimmt sind.

Römer 8,22-23

Und seine Wahrheit, nach der ich ebenfalls weiterschürfen will, macht mich nicht nur freier, auch von mir selbst, sondern befreit mich dazu, mitten in dieser Welt zu leben.

Darüber freue ich mich. Diese Freude kann bleiben.

Anmerkungen

1 Ich möchte den Begriff »Gnade« weiterhin mit diesem einfachen Verständnis gebrauchen: etwas unverdient bekommen. Das kann zwischen Menschen geschehen, aber natürlich auch zwischen Gott und uns. Die Gnade kann durchaus den Gebenden etwas kosten, wie zum Beispiel die Heilsgnade Gottes seinen eigenen Tod im Christusgeschehen, aber für den Empfangenden ist sie gratis, ohne Gegenleistung, er muss sie nur annehmen.
2 Inge Tempelmann: Geistlicher Missbrauch - Auswege aus frommer Gewalt. Ein Handbuch für Betroffene und Berater, 3. Aufl. SCM R.Brockhaus 2012.
3 Wikipedia (Hg.): Eintrag »James W. Fowler«. https://de.wikipedia.org/wiki/James_W._Fowler (letzter Abruf 26.07.2017).
4 1. Aufl. Verlag Johannes Fix 1976; 2. Aufl. Asaph 2001.
5 Christine Liu: Christwerden - bewusst gegenüber nicht bewusst. In: IGNIS Journal 2/92 S. 66-77, DE'IGNIS-WWV 1992.
6 Mehr zum Thema: Ursula und Manfred Schmidt: Die größere Perspektive - Vom Abenteuer geistlicher Reife. Arbeitskreis f. geistliche Gemeinde-Erneuerung 2016.
7 Romano Guardini: Die Lebensalter. Matthias-Grünewald Verlag 1986.
8 Emmanuel Levinas: Humanismus des anderen Menschen. Meiner 2005.
9 Franz Rieman: Grundformen der Angst und die Antinomien des Lebens. Ernst Reinhardt 1961.
10 Nähere Informationen zu einem Online-Training, das ich dazu entwickelt habe, unter: Werner May: Das Nein-Sage-Online-Training. www.nein5xja.de (letzter Abruf 18.07.2017).
11 Beate Strobel: Wege aus der Gefälligkeitsfalle - Wer zu oft ja sagt, schadet sich und seiner Karriere. FOCUS online 07.10.2012. http://www.focus.de/panorama/welt/wer-brav-ist-kommt-nicht-weiter-die-deutschen-sagen-zu-oft-ja_aid_833244.html (letzter Abruf 28.07.2017).

12 Bernhard von Clairvaux an Papst Eugen III.: Betrachtungen (Auszüge). In: Paul Geißendörfer: Komme zu dir selbst. Evang. Buchhilfe e.V. 1990. Zitiert nach: Joachim Schäfer: Ökumenisches Heiligenlexikon. https://www.heiligenlexikon.de/Literatur/Bernhard_von_Clairvau_Betrachtungen.htm (letzter Abruf 13.07.2017).

13 Brunner, Emil: Dogmatik Band I–III. Zwingli-Verlag 1960.

14 BILD.de (Hg.): Christen in Deutschland – Jeder Zweite glaubt an die Auferstehung Jesu. BILD.de 14.04.2017. http://www.bild.de/politik/inland/umfrage/nur-noch-die-haelfte-der-christen-glaubt-an-die-auferstehung-jesu-51296836.bild.html (letzter Abruf 28.07.2017).

15 Werner May: So wird's im Himmel sein. Neufeld 2007.

16 Heinrich Spaemann: Orientierung am Kinde. Meditationsskizzen zu Mt 18,3. Johannesverlag 1999.

17 WeltN24 (Hg.): Nur jeder Zweite kennt die Bedeutung von Pfingsten. 30.05.2009. https://www.welt.de/vermischtes/article3832657/Nur-jeder-Zweite-kennt-die-Bedeutung-von-Pfingsten.html (letzter Abruf 25.07.2017).

18 Mehr dazu: Gisbert Greshake: An den drei-einen Gott glauben – ein Schlüssel zum Verstehen. Herder 1998.

19 Wie ich unterscheiden lerne, was von Gott kommt und was nicht, darüber schreiben: Ursula und Manfred Schmidt: Die größere Perspektive, a.a.O., S. 242ff.

20 Mehr dazu: Werner May: Gott hören ist leicht, wenn ... IGNIS-Werkstattblatt 2, Kitzingen, o.J.

21 Den Vergleich »Rakete/Schildkröte« habe ich zum ersten Mal vom englischen Pastor Colin Urquart gehört.

22 Friedemann Schulz von Thun: Miteinander reden 1+2. Rowohlt 1989.

23 Mehr dazu: Wolfgang Vorländer: Weisheit für Vielbeschäftigte. Neufeld 2010.

24 Franz Grillparzer: Der arme Spielmann. In: Franz Grillparzer: Sämtliche Werke. Dreizehnter und vierzehnter Band: Dramatische Fragmente: Übersetzungen, Satiren, Erzählungen, Studien zur Philosophie und Religion, Historische und politische Studien. Verone 2016, S. 238.

25 Zitiert nach: Stefan Grotefeld u.a. (Hg.): Quellentexte theologischer Ethik. Kohlhammer 2006, S. 63ff.

26 Søren Kierkegaard: Der Liebe Tun, zitiert nach Hanne Baar: Ein Kurzportrait. https://www.hymnus-verlag.de/portrait (letzter Abruf 27.07.2017).
27 Mehr hierzu im Kapitel: »Geheilte Gebetsbiografie – ein weiterer alter Schatz«.
28 Mehr hierzu im Kapitel: »Geheilte Gebetsbiografie – ein weiterer alter Schatz«.
29 Jean-Paul Sartre: Der Ekel. Rowohl 1963.
30 Grafik nach James F. Engel: What's Gone Wrong With the Harvest. Zondervan: Grand Rapids 1975. Siehe auch: Wikipedia (Hg.): Eintrag »Engel Scale« (auf Englisch). https://en.wikipedia.org/wiki/Engel_Scale (letzter Abruf 27.07.2017).
31 Klaus Maser: Christ in der Feuerwehr. In: AUFATMEN-Special: Glaube am Montag. SCM 2011, S. 88.
32 Wikipedia (Hg.): Eintrag »Ich weiß, dass ich nichts weiß«. https://de.wikipedia.org/wiki/Ich_wei%C3%9F,_dass_ich_nichts_wei%C3%9F (letzter Abruf 17.07.2017).
33 Mehr hierzu: Werner May: Sich im Geheimnis verwurzeln – Anleitungen zum Staunen. IGNIS Edition 2014.
34 Nach Kathrin Halder: Die Grundlagen Christlicher Psychologie. Zum Wirklichkeitsverständnis der Christlichen Psychologie. IGNIS Lehrbuch Band 2. IGNIS Akademie 2011, S. 86f.
35 Hans Urs von Balthasar: Herrlichkeit. Eine Theologische Ästhetik. Band 1, Schau der Gestalt, 3. Aufl. Johannes Verlag Einsiedel 1988.
36 Michael Quoist: ... mit offenem Herzen. Styria 1982.
37 Z.B.: Michael Knieß: Kreativitätstechniken – Methoden und Übungen. dtv 2006; Evelyn Boos: Das große Buch der Kreativitätstechniken – Fantasie fördern, Ideen strukturieren, Geistesblitze umsetzen, Lösungen finden. Compact 2010.
38 Blaise Pascal: Gedanken. Reclam 1987.
39 Mehr dazu siehe im Kapitel: »Die verlassene erste Liebe«.
40 Michael Quoist: ... mit offenen Herzen, a.a.O.

Hanspeter Wolfsberger
Was dem Leben dient
Texte zum Anhalten und Ausrichten auf Gott

Anhand von zwölf ausgewählten Bibeltexten für zwölf Wochen lädt der Autor ein, verborgene Wesensmerkmale und Herzensanliegen Gottes intensiv auszukosten. Meditativ verdichtete Impulse mit poetischem Anklang schaffen Raum zum Besinnen und Nachsinnen im Alltag, damit Gottes Worte nachhallen können. Wer sich darauf einlässt, kann erleben und lernen, was dem Leben dient: warten, sich geliebt wissen, vertrauen, Wagnisse eingehen.

Gebunden, 13,5 x 21,5 cm, ca. 160 S.
ISBN 978-3-417-26841-6
Auch als E-Book

SCM
R.Brockhaus

Thomas Härry
Die Kunst des reifen Handelns

Bestsellerautor Thomas Härry zeigt einfühlsam, fundiert und praxisnah den Weg zu einer gefestigten, reifen Persönlichkeit! So werden Sie jemand, der in sich ruht, mit anderen liebevoll und fair umgeht, aber dabei dennoch klare Vorstellungen und Ziele hat.

Gebunden, 13,5 x 21,5 cm, 256 S.
ISBN 978-3-417-26834-8
Auch als E-Book e